HISTOIRE DE LYON.

1547. — 1560.

NOTES ET DOCUMENTS

POUR SERVIR

A L'HISTOIRE DE LYON.

1547 — 1560.

Par A. Péricaud aîné.

LYON,

IMPRIMERIE TYPO-LITHOGRAPHIQUE DE MOUGIN-RUSAND,

Halles de la Grenette.

1841.

⸎⸎⸎⸎⸎

TIRÉ A PETIT NOMBRE.

⸎⸎⸎⸎⸎

NOTES ET DOCUMENTS

POUR SERVIR A L'HISTOIRE DE LA VILLE DE LYON,

DEPUIS L'ANNÉE 1547 (1).

> Historia quoquo modo scripta delectat.
> PLIN. JUN. *Epist.* V, 8.

RÈGNE D'HENRI II (2).

1547 - 1559.

1547. — *Avril* 4. Jean du Peyrat, lieutenant-général au gouvernement de Lyon, communique au consulat les lettres d'Henri II qui lui annonce la mort de François Iᵉʳ, décédé à Rambouillet, le 31 mars dernier. — Le consulat arrête qu'on écrira à Mᵉ Jean Tignat, échevin, qui était alors à Paris, de s'entendre avec M. de Saint-André (Jean d'Albon), sénéchal et gouverneur de Lyon, qui se trouvait aussi à Paris, « pour demander la confirmation des « priviléges des habitants de Lyon . et faire la fidélité au roi. » *Actes consulaires*, extraits de M. Sudan (copie de M. Breghot, VIII, 491).

1547. — *Avril* 19. Le consulat arrête que la procession des pauvres de l'Aumône-générale, qui devait se faire le dimanche suivant, n'aura pas lieu « attendu les grandes chaleurs et la peste qui pullule et augmente de jour à « autre en cette ville. » — Cette procession se faisait quatre fois par an, le premier dimanche de chaque foire. S. et B. — Suivant quelques auteurs ,

---

(1) Ces *Notes et Documents* font suite à ceux que l'auteur a publiés dans les *Annuaires de Lyon*, de 1838 , 1839 et 1840. Les articles signés M. sont extraits des manuscrits du P. Ménestrier; ceux qui sont signés S. sont tirés des cahiers de l'abbé Sudan, sur la copie faite par M. Breghot.

(2) Ce prince, successeur de François Iᵉʳ, parvint à la couronne le 31 mars 1547, et mourut le 10 juillet 1559.

Michel de Nostradamus fut alors appelé à Lyon par le consulat pour venir au secours des pestiférés. (Voyez son article dans le *Dict.* de Moréri et dans la *Bibliothèque* qui précède l'édition du. de *Dict.* Richelet de 1728). Nous n'avons pas trouvé trace de ce fait dans les actes consulaires de 1547. Voyez ci-après, *année* 1557.

1547. — *Avril* 28. Le corps de François, Dauphin de Viennois, mort à Tournon le 12 août 1536, passe à Lyon.—On le conduisait à St-Denis pour y être inhumé auprès du roi son père (François 1er). Le corps était dans un chariot, couvert de velours noir, avec une grande croix de velours blanc, à travers. Ce chariot était atelé de quatre belles haquenées blanches, harnachées de même parure, et le cocher était vêtu de même. La conduite du corps avait été confiée à l'évêque de Valence, de la maison de Tournon. On lui fit, dans l'église de St-Jean, un beau et solennel service; l'église était toute tendue de noir, et le chœur où reposait le corps, était tapissé de velours noir, avec grande quantité de luminaires, et les armoiries et écussons de France et de Dauphiné. Tous les ordres et états de la ville, chacun en son rang, assistèrent à ces obsèques. Rubys, p. 374.

1547. — *Avril*.. Gabriel de Saconay, prévôt, est prié par le Chapitre de St-Jean, d'aller à la cour, pour faire confirmer par Henri II les priviléges de l'Eglise de Lyon. M.

1547. — *Juin* 23. Le cardinal de Ferrare reprend possession de la justice ordinaire de Lyon que le feu roi avait fait saisir dès 1531, pour quelques mécontentements que lui avait donné le feu archevêque et ses officiers. Rubys, p. 374. —Ce prélat fit imprimer, cette même année, un *Bréviaire* à l'usage de son diocèse.

— *Juin* 26. Le consulat, sur la demande de plusieurs habitants de la ville, supprime le brelan et le jeu de quilles que le bourreau avait établis à la porte de St-George. S.

1547. — *Décembre* 21. Me Tronsson, docteur, avocat ès cours de Lyon, prononce l'oraison doctorale. — L'année précédente, cette oraison avait été faite par Geoffroy de la Rivière, docteur médecin. S. et B.

1547.—François Hotman, avocat, ayant été obligé de quitter Paris, parce qu'il avait embrassé la réforme contre la volonté de son père, vient se réfugier à Lyon.—Après y avoir fait imprimer son commentaire sur le titre des Institutes *de Actionibus*, il se rendit à Genève, et vécut quelque temps dans la maison de Calvin avant d'aller s'établir à Lausanne. Teissier, *Eloges des hommes sçavants*.

1548. — *Février* 2. Le consulat qui venait de faire sa révérence au cardinal de Guise, arrête d'y envoyer de nouveau quatre conseillers « pour lui faire « raison des grandes charges, pauvretés et nécessités de la ville de Lyon, afin « qu'il ait les affaires de ladite ville pour recommandées, tant envers le roi « qu'envers le conseil privé. » *Actes cons.*

1548. —*Juillet* 31. Henri II se rendant en Piémont, traverse incognito la ville de Lyon. J. Morin, *Hist. de Lyon*, v, 25.

1548.—*Août* 16. La reine qui s'était arrêtée quelques jours à l'Ile-Barbe, arrive à Lyon avec le cardinal de Lorraine, le duc de Guise, l'évêque de Coutances et le chancelier Olivier. — Elle descendit à l'abbaye d'Ainay pour y attendre le roi. J. Morin, v, 25.

1548. — *Août* 21. Le roi défend à Lyon le transport de l'or et de l'argent. *Confér. des Ordonn.* p. 640.

1548. — *Septembre 6. Séance consulaire.* Me Etienne de Bourg, avocat en la cour ordinaire de Lyon, requiert l'adjonction du consulat pour poursuivre avec lui, devers le roi et son conseil, certains Juifs qui se sont venus accaser et résider en cette ville depuis un mois en ça (ils avaient été chassés des états de l'Empereur), et qui sont fort scandaleux pour la religion chrétienne, vu même qu'ils se sont logés au cœur et milieu de la ville, savoir en la maison de Jacques Pinatel, sur le pont de Saône, du côté du Change, etc., etc. — Le consulat, dans sa séance du 16 octobre suivant, instruit que ces Juifs continuaient à tenir boutique sur le pont, en vertu d'une permission qu'ils disaient avoir obtenue du roi, pendant son séjour à Lyon, arrête qu'ils seront ajournés, à sa requête, par-devant le juge ordinaire, pour qu'ils soient condamnés à fermer leurs boutiques et à sortir de la ville. S. Voyez ci-dessus, *année* 1364.

1548. — *Septembre* 21. Henri II arrive à Lyon et va loger à l'abbaye d'Ainay, où Catherine de Médicis l'attendait avec toute sa cour. Le dimanche suivant, 23, le roi fit son entrée solennelle dans la ville, et la reine le lendemain. Paradin, *Hist. de Lyon*, 320-351, nous a conservé, en la copiant, la *Description* que Maurice Sève avait publiée de cette magnifique entrée, que Rubys place par erreur, p. 375, au 28 du même mois. (Voyez *l'Itinéraire des rois de Fr.*, etc.). Brantome (édition de 1822, t. 2, p. 331) donne une analyse de la belle tragi-comédie que le cardinal de Ferrare (1) fit représenter à cette occasion, et pour laquelle il dépensa plus de dix mille écus, « ayant fait venir à grands cousts et dépens des plus excellents comédiens « et comédiennes d'Italie : chose que l'on n'avoit pas encores veue, et rare « en France.... mesme qu'il n'y avoit pas longtemps que ces belles tragédies « et gentilles comédies avoient été inventées, jouées et représentées en Ita- « lie, et dict on et le treuve on par escrit que ce fut le pape Léon dernier « qui le premier les mist en vogue, et. » *Notez*, fait observer M. de Monmerqué, *que c'est un pape qui établit le premier les spectacles dans le monde, et un cardinal qui les introduisit en France.* Voyez encore sur l'entrée d'Henri II, Foderé, *Narrat. topogr.*, p. 690 ; Colonia, *Hist. litt.*, II, 518 ; Pernetti, I, 211 et 226 ; *le Cérémonial français*, 1, 823 ; Du Tems, *Clergé de Fr.*, IV, 330-81 ; Lacretelle, *Guerres de religion*, 1, 81 ; J. Morin, *Hist. de Lyon*, V, 25 et suiv. ; *Arch. du Rh.*, VII, 82 ; *Nouvelles Arch.*, II, 131 ; C. Leber, *De l'Etat réel de la presse*, etc., p. 52.

1548. — *Septembre* 28. Le roi tient dans l'église de St. Jean le chapitre de l'ordre de St.-Michel. *Alm. de Lyon* de 1746, p. XXXVI.

— *Octobre* 1. Le roi part de Lyon et va coucher à l'Arbresle. — Le 7 de ce mois il était dans la maison du maréchal de Saint-André. M. — Cette même année, « fut mis sus, à Lyon, pour partie du remboursement des frais de l'entrée du roy un subside de 5 sols par asnée de vin, entrant en la ville, revenant à 30 sols pour botte, qui fut levé jusques en l'année 1561 qu'il fut aboli, au grand contentement des habitants de la ville, qui ne tirent de la plus-part de leurs biens des champs, autre revenu que le vin, qui leur

---

(1) Hippolyte d'Est, archevêque de Lyon, fils du duc de Ferrare. Ce prélat fut l'ami des savants et des artistes; il avait pris dans sa jeunesse un tel plaisir à la lecture des vers de l'Arioste qu'il se l'était attaché en qualité de gentilhomme. On prétend que quand il eut lu *l'Orlando furioso*, il dit à l'auteur qui lui avait dédié ce poème : *Dove diavolo, Messer Ludovico, avete pigliate tante coglioneric ?* Les éditions de l'Arioste publiées à Lyon au XVIe siècle sont assez nombreuses; on estime surtout celles de G. Roville et d'Honorati. Brunet, *Man. et Suppl.*, art. ARIOSTO.

couste le plus souvent plus qu'il ne vaut. » Rubys, p. 375 ; *Alm. de Lyon* de 1746, p. xxxvi.

1548. — Un arrêt du 17 *novembre* abolit ou supprime la représentation des Mystères et toute sorte de spectale. Voyez ci-dessus, *année* 1540.

1548. — Guillaume Guéroult, littérateur, né à Rouen, quitte Genève où il parait qu'il avait embrassé la réforme, et vient s'établir à Lyon. — S'il faut en croire Bèze (*Vie de Calvin*), Guéroult aurait fui de Genève, parce qu'il appréhendait d'y être puni, à cause de la vie scandaleuse qu'il y menait. Quoi qu'il en soit, Guéroult fit un long séjour à Lyon, où il fut correcteur dans l'imprimerie de *Balthazar Arnoullet*, son beau-frère. Ce fut lui, à ce que prétend Bèze, qui corrigea, en 1553, les épreuves du *Christianismi restitutio*, que Servet faisait imprimer à Vienne, en Dauphiné. Parmi les ouvrages de sa composition en prose et en vers qu'il publia à Lyon, nous citerons *Le Premier livre des Emblèmes*, imprimé par Balthazar Arnoullet, 1540, in-8°. Cet opuscule dont la Bibliothèque de la ville de Lyon possède un exemplaire, est orné de fort jolies figures enclavées dans le texte, et qui très-probablement sont sorties du burin de Salomon Bernard. M. Brunet cite une édition de ce livre, sous la date de 1549, mais nous présumons que cette date doit être celle d'un ouvrage de Barthélemy Aneau, *Décades de la description, forme et vertu naturelle des animaulx*, qui avait été relié avec les *Emblèmes* de Guéroult. En 1561, le 29 mai, les échevins de Lyon, qui encourageaient toujours les hommes de lettres, enjoignirent à François Coulaud, receveur de la ville, de payer six écus d'or, valant quinze livres tournois, à Guillaume Guéroult, qui leur avait dédié sa traduction du *Discours de l'Administration des Royaumes et Républiques*, composé en italien par J.-P. Cermenati. Cependant, s'il fallait s'en rapporter à Delandine qui avait eu sans doute la patience de le lire, l'ouvrage de Cermenati, qu'il appelle *Cermenat*, et qui parut sous le titre de *Rhapsodia de recta regnorum ac rerum publicarum administratione*, n'était pas digne de passer dans une autre langue, et devait mourir dans la sienne ; son titre de *Rhapsodia*, ajoute-t-il, très-bien choisi, annonce tout son mérite. Toutefois du Verdier ne l'avait pas jugé aussi sévèrement, puisqu'il a inséré deux longs chapitres de la traduction dans sa *Bibliothèque françoise*. Nous ignorons la date de la mort de Guéroult qui vivait encore en 1565, car il dédia, cette année, à Catherine de Médicis, les *Figures de la Bible illustrées de huictains françoys*; à Lyon par G. Roville, in-8°. Voyez la *Biogr. lyonn*, et les *Nouv. Arch. du Rh.*, 1, 52.

1548. — Théodore Zwinger, de Bâle, vient à Lyon, où il exerça, pendant trois ans, la profession de correcteur dans l'imprimerie de *Godefroy Beringen*, donnant à l'étude tout le temps qu'il pouvait dérober à son état. « Anno 1548, Theodorus Zuingerus Basilensis, cum Henrico Elemero Glaronensi, itineris comite, clam è patria discessit, libris quidem multis onustus, sed viatico pene omni destitutus, ut illud à litteratis dum iter faceret, eos nunc oratione, nunc carmine salutando, honesto titulo efflagitare cogeretur: donec *Lugdunum usque arte typographica tunc insigne Galliae emporium* pervenisset, ubi operam suam *Godefrido Beringo*, calchographo, per triennium locavit, et quotquot horas à negotiis reliquas et otiosas suffurari poterat, studiis dies noctesque impendit. » *Theatrum vitæ humanæ* (Præfatio). M.

1549. — *Avril* 12. Une bulle du pape Paul III sécularise les moines de l'Ile-Barbe. — Antoine III d'Albon, plus connu sous le nom de M. de Savigny, était alors abbé de ce monastère. *Gallia christ.*, iv, 232; le Laboureur, *Maz.*, 1, 271. Voyez ci-après au 14 *octobre* 1551.

1549. — *Septembre* 12—16. Passage et séjour des ambassadeurs suisses, se rendant à Paris.—Le consulat leur fit présent « des meilleurs vins, même « *merveysie* et *ypocras* avec quartiers de fromages de Milan, pour leur bailler « bon appétit de boire. » Le dimanche 15, on leur donna festin et dîner au logis du roi, en l'archevêché « où ils furent honorablement traités et servis « de plusieurs mets et viandes exquises et étaient d'assiette dans la grande « salle de l'archevêché, 200 personnes servies par les enfants de la ville... « Durant le dîner leur furent fait plusieurs passe-temps, tant par joyeux « instruments que par certains sauteurs jouant les farces d'*Hercule Matachin*, « et certain *nyngromantien* qui fit plusieurs gentillesses, etc. » — Les frais de la ville montèrent à 900 livres, 7 s. 7 d. *Actes cons.* ; G. B., IX, 21.

1549. — *Décembre* 13. Giovane Lanfredini, banquier italien, écrit au duc d'Aumale, pour l'informer du passage du cardinal de Guyse par Lyon, et lui donner avis des offres d'argent qui lui avaient été faites par ses amis de Lyon, pour les affaires du roi. *Mém. de François de Lorraine*, collection Michaud et Poujoulat, VI, 23.

1549. — *Décembre* 21. M° Estienne Pasquier, docteur d'Orléans, prononce l'oraison doctorale dans l'église de St-Nizier.—Cet Estienne Pasquier (qu'il ne faut pas confondre avec l'illustre auteur des *Recherches de la France*) est sans doute celui qui fut recteur des écoles de Rouen, et qui a un article dans du Verdier comme traducteur de quelques opuscules de Plutarque, imprimés à Lyon, chez Jean de Tours, en 1546. Le consulat lui fit payer quatre écus d'or soleil de son oraison, « en considération qu'il n'y avait docteur en cette ville qui se soit voulu charger d'icelle oraison, et ce outre la somme de 30 sols accoutumée payer pour ladite cause. » *Act. cons.* ; C. B., IX, 34. Voyez ci-après au 27 *octobre* 1553.

1549. — *Décembre* 28. Mort de Jean d'Albon, seigneur de Saint-André, sénéchal et gouverneur de Lyon, etc., né en 1472. *Actes consul.* du 7 janvier 1550.—Il avait succédé, comme gouverneur de Lyon, au cardinal de Tournon, et fut remplacé par Jacques d'Albon, maréchal de Saint-André. Il avait eu pour secrétaire Etienne du Tronchet, forisien, qui fut ensuite celui du maréchal de Saint-André et de Catherine de Médicis. *Actes consul.*, passim ; Aug. Bernard, *Les d'Urfé*, p. 88. Voyez ci-dessus au 10 *décembre* 1545, et ci-après au 24 *août* 1550.

1549.—Jérôme Fiandre, de Quiers en Piémont, Robert et Jean Tricaud, de Thisy en Beaujolais, introduisent à Lyon l'art et métier de faire des futaines. *Actes cons.* des 17 octobre 1549 et 21 janvier 1550, C. B., IX, 24 et 40, J. Morin, V, 41.

1549. — Matthieu de Vauzelles, avocat du roi au parlement de Dombes et à la sénéchaussée de Lyon, s'exprime ainsi, p. 174 de son *Traité des Peages*, publié en 1550, et dont l'*Epistre au Lecteur* est du XII décembre 1549 : «...Aussi en ce cas de famine, Messieurs du Parlement de Bourdeaux ont de coustume de deffendre aux peageurs de ne lever aucuns peages ne subsides des viures ou victuailles, *ut pulchrè refert* Boet. *deci* CCLXXXXVI, *in fi.* Et à la mienne voulenté que tous les Magistrats et Parlements de ce Royaume fissent le semblable. Ie dy pour ce qu'il n'y a ville en ce Royaume qui eust meilleur besoing que ceste ville de Lyou, en laquelle ha grande abondance de peuple, et aux enuirons d'icelle, voire plus de cent, ou six vingt mille animes. Et toutes fois en tout le pays de Lyonnois ne se cueillit bledz suffisans pour nourir ladite ville, ne le pays deux moys de l'année. Et combien que par les édits du Roy deüement publiez aye esté deffendu à tous gouverneurs et magistrats de ce royaume de ne deffendre la traite des bledz de païs en païs entre les subietz du Roy, qui est le père et le chef de tous les subietz, qui sont ses membres et se doiuent secourir lun lautre, mesme en cas de necessité : toutesfois lesdits gouverneurs n'y veulent obéïr ; et sont les édits du Roy rendus illusoires, souz ombre que les gouverneurs veulent dire, pour bailler couleur à leur intention, qu'il y a faulte de bledz en leurs gouvernements, encore qu'elle n'y soit. Et aussi entre mesmes subjetz du Roy, qui est notre chef, l'on ne doit auoir telle division et différence entre les membres. Et à faulte de communication, et des deffenses des gouverneurs es païs circonuoisins, en ceste ville de Lyon ha eu souvent grosse faulte de bledz, au gros danger et péril de sédition de ladite ville, qui est ville limitrophe de ce royaume, et de grosse importance. Dieu par sa grace y mette quelque bon ordre et prouision : tournant à nostre propos, je dy, quen temps de famine lon ne doit payer aucun peage, ne subside, pourueu qu'il soit ainsi ordonné par Justice, qui ainsi le déclare, comme sera dit cy-après. Et si la deffence est faite de ne lever peages de toutes victuailles venant à Lyon, ou ailleurs, en ce cas l'on ne doit payer peages ny de froment, ny de seigle, orge, auoine, poix, feues, ny autres légumes, ny des vins, chairs, bois, formages, beurres et poissons. *Quoniam appellatione victus veniunt omnia, quæ esui et potui sunt necessaria*. l. *verbo victoris*. ff. *de verb. signif*. Et mesmes car le peuple, qui ha accoustumé de boire vin, se substante de beaucoup moins de pain avec le vin. Car comme dit le psalmiste, *vinum lætificat cor hominis :* et *cito conuertitur in sanguinem*. Mais toutesfois sil est permis en temps de famine de tirer bledz et froments, en ce cas ne se pourroit tirer vin, chair, formage : mais seulement froment, orge, auoine et autres légumes, desquelz lon peult faire pain et substentation, *in quibus est eadem ratio*, pour la nourriture des humains. Et aussi car *appellatione frumenti veniunt omnia blada, sicut ordeum, lupinum, fabæ, auena et cætera legumina, ut est glo. ord. in l. rubri. C. de cano. frumenta. vrb. Ro. facil lex frugem*. ff. *de verb. signific*. Paul de Cast. *Consil.* XXXX, vol. 1.....»

1549. — Plusieurs négociants suisses viennent s'établir à Lyon, et y jouir de plusieurs priviléges qui leur avaient été accordés par Charles VII, en 1453. «L'étendue de leur commerce, leur probité et leur candeur confirment, « disait Pernetti en 1757, l'opinion qu'on avait d'eux, et ne se sont pas « démenties jusqu'à ce jour. » *Lyonn. dignes de mém.*, 11, 419. Voyez ci-après au 8 *mars* 1551.

1550. — *Janvier* 12. *Séance consulaire*. Un particulier offre d'acheter au prix de 25 écus la grande effigie de la Fortune qui est dans l'hôtel-de-ville, et qui avait été faite lors de l'entrée d'Henri II. — Ce particulier était l'*Eslu* Grollier qui voulait placer cette statue dans sa maison rue de la Juiverie. S.

1550. — *Janvier* 15. Mort de Jean du Peyrat, lieutenant-général pour le roi au gouvernement de Lyon, depuis 1532.—Il fut inhumé le 17, dans l'église de S. Paul, «... Son corps fut honorablement porté en sépulture depuis sa maison d'habitation étant sur le port de Roanne, jusque dans l'église de S. Paul, accompagné de grande quantité de torches qui y furent envoyées tant de la part des nations étrangères, comme Allemands, Florentins, Lucquois, Génois et autres particuliers de la ville, et fut porté le drap étant sur ledit corps aux quatre coings par Mrs Matthieu Athiaud et Torvéon, conseillers au parlement de Dombes, d'un côté, et de l'autre par le sieur de Riverie et François du Perrier, conseillers de ville. Le consulat marchoit en ordre à côté de ceux qui conduisoient le deuil ; et dans la marche dudit enterrement se mut une question entre le *Cosse* des Florentins et Jérôme Cybo, Génois, voulant marcher l'un au-dessus de l'autre, en sorte que l'on fut contraint de les faire retirer pour parachever les obsèques. » *Actes cons.*, extraits de M. S. ; C. B., IX, 41.—«Jean du Peyrat, dit C. de Rubys, *Hist.*, p. 375, était un seigneur honoré et regreté d'un chacun pour son équité, bonté, douceur et affable conversation, aimé des rois, des princes et des grands pour sa somptuosité et magnificence ; et ne lui eussent point manqué des premiers états et plus grands degrés de la France, s'il les eut voulu rechercher : mais il aima mieux avec Jules César, être le premier en sa ville que le second de sa sorte à la cour ni ailleurs.... » — Jean du Peyrat fut surtout regretté des gens de lettres dont il était le protecteur. Voyez les *Epigrammata* de Claude Roussellet (Lyon 1537, in-8°), p. 15, 49 et 69 ; les *Nugæ* de Nic. Bourbon, Lyon, 1538, liv. VIII, *Carm.* 145 et 146 ; une lettre de Fr. Juste, à la fin du *Courtisan* de Balth. de Castillon (trad. par Dolet), Lyon, 1538 ; l'*Alm de Lyon* pour 1746, p. XXXVI. Voyez aussi son art. dans la *Biogr. lyonn.* où les auteurs ont mis par erreur sa mort au 15 janvier 1549.—Voyez ci-après au 30 *septembre* 1562.

1550.—*Janvier* 24. Le consulat arrête que deux de ses membres, Claude Laurencin et Humbert de Masso, se rendront à Saint-André, en Forez, pour assister aux obsèques de Jean d'Albon, seigneur de Saint-André, gouverneur de Lyon, mort à Paris, le 28 décembre précédent. S.

1550. — *Avril* 6. Les conseillers se rendent dans l'église de S. Jean, pour aller faire la révérence aux cardinaux de Bourbon et de Rohan qui venoient de concourir à l'élection du pape Jules III. S.

1550.—*Avril* 8. Procession générale et feux de joie, à l'occasion de la paix conclue entre la France et l'Angleterre.—Le même jour arrivèrent à Lyon le duc de Nemours, le grand prieur de France et le maréchal de Sédan, qui se rendaient à Rome. S.

1550.—*Mai* 9. Le consulat fait payer à Salomon Bernard, peintre, 14 l. t. « pour les portraits et copies des plans des *villes* de Brignais, St-Andéol, Givors et St-Genis-Laval, faits par ordre de M. Damours, conseiller au Grand-Conseil, afin d'envoyer ces portraits et plans au Grand-Conseil, pour servir au procès relatif aux villes closes du Lyonnois qui refusaient de contribuer au payement des soldes des gens de guerre, et dans lequel le consulat avait été mis en cause. Voyez les actes consulaires du 20 octobre 1548 et des 2 avril, 23 et 30 juin 1551.

1550.—*Mai* 19. Mort à *Nevers* de Jean, cardinal de Lorraine, archevêque de Lyon en 1537 et en 1538. Il avait succédé à François de Rohan, et avait été remplacé par Hippolyte d'Este. — Le P. Menestrier rapporte, dans ses *Notes chronologiq.*, que le cardinal de Lorraine, revenant de Rome, où il avait assisté à l'élection de Jules III, fut averti à Lyon, au mois de mai, que son frère, Claude duc de Guise, était mort le 12 avril et qu'alors il dit à ses domestiques qu'il ne tarderait pas à le suivre, ce qui arriva quinze jours après, à *Nogent, près Montargis.* — Les auteurs du *Gallia christ.* qui se sont trompés en mettant sa mort au 10 mai, disent qu'il fut inhumé dans l'église des Franciscains, à Nancy.

1550.—*Juin* 26. Hugues de La Porte, nommé conseiller de ville aux dernières élections, n'avait pas voulu prendre cette charge. Ajourné par-devant le Sénéchal, il avait été condamné « à faire serment et à prendre charge à « peine d'emprisonnement et de 1000 livres d'amende. » Amené au consulat par un sergent royal, il fit le serment, comme contraint et sans préjudice de ses appellations. — Le 27 septembre suivant, il se désista de son appel, et, par accord, le consulat lui promit que le temps de son élection expiré, il ne serait pas réélu avant six ans. C. B., IX, 44 et 58. — Hugues de La Porte était libraire à Lyon, depuis 1541. Voyez son article dans la *Biogr. lyonn.*

1550. — *Juillet* 1er. Le consulat ordonne que *la Porte des Merveilles* étant sur le pont de Saône et qui était vieille et pourrie sera refaite et que la clé de la nouvelle serrure « sera rapportée à l'hôtel commun, comme il a été fait « de toute ancienneté. » S. ; C. B., IX, 59.

1550. — *Août* 7. Le consulat enjoint aux religieux de St-Antoine « de « faire retirer leurs pourceaux qui vont de nuit par la ville ; autrement il « donnera commission à l'exécuteur de la haute justice de les tuer... » — Il est souvent question dans nos actes consulaires des débats auxquels donnait lieu le singulier privilége qu'avaient les Antonins de laisser vaguer leurs pourceaux dans la ville. Ce serait un chapitre curieux de notre histoire que celui où l'on recueillerait ces débats. On y pourrait joindre, comme appendice, le savant article que M. Gabriel Peignot a fait sur l'origine du petit cochon que les anciennes légendes donnent pour compagnon à St-Antoine. Voyez le *Bulletin du Bibliophile*, 1838, p. 306, et le *Supplément à la Bibliographie lyonnaise du XVe siècle*, n° cccxxxiv bis.

1550. — *Août* 21. Mort d'Etienne Le Maistre, professeur de droit, lequel fut inhumé à St-Paul, au-devant de la chapelle du crucifix avec cette épitaphe que le P. Menestrier nous a conservée dans ses *Notes chronologiques* : « Quod humanum erat virorum venerabilium dnorum Huberti Le Maistre « hujus ecclesiæ canonici, ac hujus fratris Stephanii jurium professoris, « quorum hic 1532 mense Julio, ille vero 21 mensis Augusti 1550. Feliciter in Deo obiere. Hoc sub lapide in spem futuræ resurrectionis jacent. »

1550. — *Août* 24. *Dimanche.* Entrée de Jacques d'Albon, maréchal de St-André, gouverneur et lieutenant-général pour le roi en la ville de Lyon et pays de Lyonnais, successeur de Jean son père mort le 28 *décembre* précédent. *Mœz. de l'Isle-Barbe*, II, 176. — Barthélemi Aneau, principal du collége de la Trinité, composa à cette occasion, par ordre du consulat, l'*Hystoire d'Andracus* qui fut représentée sur un *eschaffaud* peint par *Salomon Bernard*. Barth. Aneau reçut six écus d'or au soleil, pour son *hystoire*, et Salomon Bernard toucha 90 livres pour sa *peinture*. *Actes cons.* des 3 et 17 juillet, du 10 août et du 2 septembre, S. ; J. Morin, v, 44.

1523. — *Septembre* 10. *Séance consulaire.* On arrête d'envoyer et députer en cour M. du Pernier, un des conseillers de ville, qui devra s'entendre avec le maréchal de St-André pour obtenir du roi un subside de six deniers par livre, sur toutes les denrées et marchandises entrant dans la ville, afin de l'aider à s'acquitter de plus de 200,000 livres dont elle est endettée depuis plus de huit ans, tant par le payement des soldes des gens de guerre, que pour les frais de fortifications, etc. C. B.

1550. — *Novembre* 10. Edit confirmant les priviléges accordés aux étrangers qui fréquentent les foires de Lyon. — Enregistré au parlement le 2 mars suivant, et en la chambre des comptes le 11. Rubys, *Privilèges*, p. 10 ; le même, *Hist.*, p. 376 ; *Recueil* d'Isambert, XIII, 178. Voyez ci-après, 12 oct. 1552.

1550. — *Décembre* 21. Me Jean Erisson, docteur de Moulins en Bourbonnais, prononce l'oraison doctorale et reçoit six écus d'or sol, valait treize livres, 16 s. « en considération de ce qu'il n'y avoit docteur en la ville qui « ait voulu se charger de faire cette oraison. » C. B.

1550.—On achève les murs de la ville, et on construit, sur le milieu du pont du Rhône, une porte qui y existait encore en 1789. *Arch. du Rh.*, v, 434.

1550. — Mort de Claude Dupré, d'une ancienne famille de Lyon, auteur, suivant Pernetti, I, 274, d'un livre *des Connaissances du droit.* —Il fut inhumé dans l'église des Jacobins où ses parents avaient une chapelle. — Il y eut un autre Claude du Pré dont Pernetti n'a pas parlé, lequel fut conseiller à la Sénéchaussée de Lyon, et dont on a un livre intitulé : *Pratum Claudii Prati*, Paris, 1714, pet. 8ᵉ (voyez son art. dans la *Biogr. lyonn.*, p. 237). L'existence de celui qu'a mentionné Pernetti nous paraît douteuse.

1550. — Mort de Jean de Tournes, un de nos plus habiles typographes. La plupart de ses éditions sont recherchées. Il avait pour marque deux vipères entrelacées, avec cette devise : *Quod tibi fieri non vis, alteri ne feceris*, et quelquefois un Ange debout, avec cette anagramme : *Son art en Dieu.* Son imprimerie était dans la rue Raisin, à l'enseigne des *Deux Vipères.* Il imprima dès 1544, et fut pendant quelque temps associé de Guillaume Gazeau (*Biogr. lyonnaise*). —La Bibliothèque de Lyon possède quelques volumes qui ont appartenu à Jean de Tournes; de ce nombre est le suivant, sur le titre duquel est son monogramme : *Les Prophéties de Merlin, nouuellement imprimees à Paris.* —Cy finent les Propheties de Merlin nouellement imprimees a Paris en la grant rue Sainct-Jacques a lenseigne de la rose blanche couronnee (chez Philippe Lenoir). Et fut ledit liure de Merlin acheue dimprimer le second iour de Juing Mil cinq centz xxvi. Petit in-4ᵉ goth. à 2. col. de cxx f. chiffrés.—M. Delandine n'a pas décrit ce volume dans son Catalogue, mais il y a inscrit une édition du même ouvrage à laquelle il donne 2 vol. in-4°, et la date de 1705 (sic), Paris, Michel Lenoir, édition qu'il dit être rare et *gothique*, et qui le serait réellement si elle portait la date de 1705 ; mais nous avons vu l'exemplaire en question dans la B. de l'acad. de Lyon, les derniers f. de la 2ᵉ partie qui manquaient sont manuscrits, et terminés par la souscription de l'édition de 1505, décrite dans le *Suppl.* de M. Brunet. Nous ne connaissons point d'éditions lyonnaises de l'ouvrage de Merlin qui a été pourtant souvent réimprimé et traduit en différentes langues. Il a même trouvé un commentateur dans Alain de Lille, *Alanus ab Insulis*, écrivain du xiiiᵉ siècle. Voyez l'*Histoire littéraire de la France*, xvi, 417.

1550.—Parmi les hommes de lettres qui florissaient alors à Lyon, nous ne pouvons nous dispenser de mentionner Guillaume des Autelz, de Charolles, qui fit un long séjour dans notre ville, où il publia la plupart de ses ouvrages en prose et en vers. Il prit surtout une part très-active aux querelles que firent naître les innovations orthographiques de Louis Meigret. *Biogr. Lyonn.*; Hallam, *Hist. de la Litt.*, I, 154.

1551.—*Mars* 8. Édit du roi, daté de Reims, par lequel il est accordé aux marchands de la nation Suisse fréquentant les foires de Lyon, quinze jours francs, au lieu de dix, pour tirer et enlever de la ville de Lyon, leurs marchandises, après chaque foire. Rubys, p. 578.—Les marchands des villes impériales jouissaient des mêmes privilèges. Voyez ci-dessus; année 1549.

1551.— (1550, v. s.). *Mars* 18. Déclaration qui défend de mixtionner et sophistiquer le safran qui se vend aux foires de Lyon. *Recueil* d'Isambert, XIII, 179.

— **1551.**—*Juin 23. Séance consulaire.* Hugues de La Porte expose que hier fut faite assemblée à l'archevêché, en présence de M. (l'évêque) de Valence, touchant plusieurs luthériens et calvinistes qui se sont monopolés et chantent le soir, en bandes, dans les rues et partout, les pseaumes de David, malgré les inhibitions du roi....Aucuns disent que ces hérétiques menacent de piller les maisons, d'autres disent au contraire qn'ils sont très-austères de mœurs, et qu'ils veulent ramener la religion comme elle était du temps de S. Pothin, avant que le clergé dissolu l'eût altérée et gastée.... M. le Juge, ajoute-t-il, a chargé le procureur de la ville de dire au consulat de mettre ordre à renforcer le guet, autrement la ville sera en danger d'avoir garnison, et que M. de Maugiron voudra y amener ses gens. — On arrête d'écrire en cour pour assurer qu'il n'y a en cette ville aucun danger ni sédition, et l'on ordonne au capitaine Sala de prendre des penons suffisamment pour faire le guet, et bailler main-forte à la justice. S.; *Revue du Lyonn.*, 1, 509; J. Morin, v, 125.—L'évêque de Valence était arrivé à Lyon depuis quelques jours pour prendre possession de l'archevêché de Lyon, au nom de M. de Tournon. L'acte consulaire le plus ancien où il soit question des luthériens est du 22 juin 1546. « Le lieutenant du Peyrat, y est-il dit, communique au consulat certaines missives du roi à lui adressées, faisant mention de certains *Luterians* qui délibèrent faire quelque scandale le jour du Corps de Dieu, et partant mandoit de s'en enquérir et y pourvoir en diligence, etc. » M. de Maugiron arriva à Lyon le lendemain 23, veille de la Fête-Dieu, « avec environ 50 chevaux, tant gentils-« hommes que autres de sa compagnie, » et tout s'étant passé sans qu'il y eut le moindre soupçon de scandale, malgré l'affluence considérable qu'y avait attiré le Jubilé, à l'occasion dn concours de la St-Jean-Baptiste avec la Fête-Dieu. M. de Maugiron repartit le 25 avec sa troupe.

1551. — *Juin* 27. Edit attribuant tant aux cours souveraines qu'aux juges présidiaux la connaissance, punition et correction des hérétiques, réservant néanmoins aux prélats et juges d'église la juridiction des personnes déviant de la foi catholique, sans scandale public ou commotion populaire. *Recueil* d'Isambert, XIII, 189.—Cette ordonnance est la quatrième d'Henri II, contre les luthériens; nous y remarquons les passages suivants :

«... Et ne sera imprimé ne vendu aucuns livres.... concernant la saincte ecriture et religion chrestienne, faits et composez depuis quarante ans en ça....que premièrement ils n'ayent été veus et visitez : c'est à scavoir ceux qui sont imprimez ès villes de Paris, Lyon et autres villes circonvoisines dudit Paris, où il n'y a faculté de théologie, par la faculté de théologie dudit Paris, et ès villes où il y a faculté de théologie, par les docteurs et députez d'icelle......... Et pour autant qu'en notre ville de Lyon y a plusieurs imprimeurs, et qu'ordinairement il s'y apporte grand nombre de livres de pays étrangers, mesme de ceux qui sont grandement suspects d'hérésie, nous avons ordonné et ordonnons que trois fois l'an sera faite visitation des officines, et boutiques des imprimeurs, marchans et vendans livres en ladite ville, par deux bons personnages, gens d'église, l'un député par l'archevesque de Lyon ou ses vicaires : l'autre par le chapitre de l'église dudit lieu, et avec eux le lieutenant du séneschal dudit Lyon, qui pourront saisir et mettre en nostre main tous livres censurez et suspects, comme dit est. Et si en procédant esdites visitations, ils trouvent faute notable, ils nous en advertiront, pour faire procéder contre ceux qui les feront, et y donner telle provision que nous verrons estre à faire.» Voyez Prost de Royer, *Dict. de Jurisprud.*, v. 699.

1551.—*Juin* 28. Lettres patentes du roi Henri II, qui ordonnent l'aliénation de terreaux et fossés qu'il possède à Lyon, entre la porte de la Lanterne et le Rhône, afin de subvenir aux frais de la construction d'une maison commune pour les marchands étrangers, sur un terrain qui lui appartient également, et qui est situé sur le bord de la Saône, près de la grande rue St-Jean. *Nouvel. Arch. du Rh.*, 1, 104. Voyez aussi une lettre de Diane de Poitiers, aux échevins de Lyon, du 27 *janvier* 1555, publiée pour la première fois dans les *Mélanges* de M. Breghot, p. 475.

1551.—*Octobre* 12. On publie à Lyon, à son de trompe et cri public, les lettres patentes du roi Henri II, données à Fontainebleau le 3 *septembre* précédent, portant défense de porter à Rome aucun argent, etc. Bochel, *Decreta eccl. gallican.*, p. 693. M.

1551.—*Octobre* 14 ou 15. Une bulle de Jules III confirme celle de Paul III, du 12 *avril* 1549, qui avait ordonné la sécularisation des moines de l'abbaye royale de l'Ile-Barbe. (Rubys, p. 225; *Gallia christ.*, IV, 232; Cochard, *Descript.* de Lyon, p. 200).—«Cette abbaye et la mense de capitulaire, écrivait Prost de Royer en 1781, ont été unies à l'église primatiale de Lyon par brevets du roi, bulles du pape, lettres patentes et arrêt d'enregistrement de 1740, 1741 et 1742. Les motifs de cette union, ouvrage du cardinal de Tencin, alors archevêque de Lyon, ont été la nécessité d'augmenter les revenus des chanoines-comtes de Lyon, qui n'avoient pas trois à quatre cents livres, et l'avantage d'y transférer le séminaire de St-Pothin, autorisé lettres patentes du 22 juillet 1737, en faveur des prêtres caducs et infirmes du diocèse. Ces motifs n'ont pas empêché que les citoyens de Lyon ne regrettassent un chapitre où pouvoient entrer leurs enfants : mais tout change et tout s'oublie. Et, s'il est vrai que le terrain du palais de Marc-Aurèle soit aujourd'hui foulé par des recollets, on ne sera point étonné de voir de bons chanoines remplacés par des prêtres caducs et infirmes...» *Dict. de jurispr.*, 1, 51.

1551.—*Octobre* 31. Claude Monier, adjoint de Pierre Fournelet, sous le ministère duquel les protestants de Lyon avaient continué leur assemblées secrètes, ayant été découvert, est brûlé sur la place des Terreaux.—Claude Monier était d'auprès d'Yssoire, en Auvergne ; il avait tenu les écoles publiques à Clermont et depuis avait fait grand bruit en Auvergne. Après avoir demeuré quelques années à Lausanne (Suisse), il était venu à Lyon, ayant charge de quelques enfants du lieu «où il servit à plusieurs, les assemblant « par petites troupes pour prier Dieu, et pour leur communiquer ce qu'il « avait reçu....» Bèze, *Hist. eccl.*, 1, 85. Voyez ci-dessus, *année* 1547, et ci-après, *année* 1561.

1551.—*Novembre* 21. Mort à Dijon, de Claude Paterin, premier président au parlement de Bourgogne, né à Lyon en 1475. Pernetti, 1, 228; *Biogr. lyonn.*, p. 217.

1551.—*Novembre.* Le cardinal de Tournon qui était malade à Lyon, fait venir de Montpellier le célèbre médecin Guillaume Rondelet. — L'illustre prélat fut si content des services de Rondelet qu'il lui assura une pension de 200 livres.—Plusieurs ouvrages de ce médecin furent publiés à Lyon.— François de Tournon, précédemment archevêque d'Auch, avait permuté cette même année, avec Hippolyte d'Este, archevêque de Lyon, qui reprit le siège de cette ville en 1562 ; mais il le permuta peu de temps après pour le siège d'Arles, et fut remplacé, à Lyon, par Antoine d'Albon. Voyez ci-dessus, 21 *septembre* 1548.

1551.—*Décembre* 15. *Séance consulaire.* Barthélemi Aneau ayant manifesté l'intention de quitter le collége, on propose de le remplacer par Jacques Fraschet, natif de Moulins, en Bourbonnais, qui tenait, depuis environ trois années, une école particulière qu'il avait élevée sur les fossés de la Lanterne. Cette proposition est acceptée, mais on arrête que M* Aneau professera jusqu'à la St-Jean. S.—Le 15 janvier suivant, les conseillers présentèrent à M° Tignat, lieutenant-général à la sénéchaussée, Jacques Fraschet qui fut agréé par ce magistrat, après qu'il eut fait une oraison latine en présence de l'official Buatier, de M. de Villars, de M. Cleppier et autres docteurs avocats. S. et C. B. Voyez encore les actes consulaires des 16 février et 5 juillet 1552, et ci-après *juin* 1555.

1551.—*Décembre* 21. M° Florent Volusan, docteur écossais, prononce l'oraison doctorale.—On lui donna pour sa peine vingt livres tournois, « sans « tirer par la suite à conséquence, pour ce qu'il ne s'était trouvé en la ville, « avocat ni autre homme de lettres qui se soit voulu charger de faire ladite « oraison ; attendu même que ledit M° Florent en a été très-instamment « prié et requis par les conseillers. » C. B.

1551.—Henri II établit des *Intendants* ou commissaires, départis pour l'exécution des ordres du roi dans les provinces ou généralités du royaume. —Ces intendants étaient ordinairement choisis parmi les maîtres des requêtes. Ils avaient l'inspection de toutes les affaires concernant la justice, la police et les finances dans toute l'étendue de leur généralité. Celle de Lyon comprenait, ainsi que le gouvernement, les provinces de Lyonnois, Forez et Beaujolois, dans lesquelles il y avait cinq élections (1), savoir : Lyon, Saint-Etienne, Montbrison, Roanne et Villefranche.—On trouve dans l'*Eloge hist. de Lyon*, par Brossette, p. 138, et dans l'*Almanach de Lyon* pour 1745, p. 63, une liste des intendants de Lyon, depuis leur établissement jusqu'en 1739 ; nous la reproduisons en la complétant :

1551. Jean Poile.

1564. Michel Quelain.

— Gabriel Miron (*Biogr. lyonn.*).

1567. Pierre de Longueil.

1569. Michel l'Archer.

1571. Jean-Jacques de Mesmes.

1594. Pompone (fils de Claude) de Bellièvre (*Biogr. lyonn.*).

1596. Jean Forget (président à mortier du Parlement de Paris).

1598. Emeric de Vic (*Biogr. lyonn.*).

1602. Eustache de Refuge.

1607. Guillaume de Montholon.

1617. Jacques Olier (père de Jean-Jacques Olier, fondateur du séminaire de St-Sulpice, à Paris (*Biogr. lyonn.*).

1625. Maximilien Grangier.

(1) On appelait *Election* un tribunal établi pour juger les différends qui concernaient les tailles, les aides et les gabelles. *Alm. de Lyon* de 1745, p. 106.

1626. Jean Turquan.

1630. Amelot de Chaillou.

1634. Humbert de Chaponay (*Biogr. lyonn.*).

1637. Jacques le Prévost d'Herbelay.

1638. Dreux d'Auvray (ensuite lieutenant civil à Paris).

1641. François Bochard de Sarron (*Biogr. lyonn.*).

1643. Louis Faulcon de Ris (maître des requêtes, ensuite premier président au parlement de Normandie).

1648. François Bochard (pour la seconde fois).

1666. François Dugué de Bagnols (*Biogr. lyonn.*).

1682. André Lefebvre d'Ormesson (maître des requêtes).

1684. André-Jules-Louis Malon de Bercy (maître des requêtes).

1686. Pierre Cardin Le Bret (maître des requêtes, ensuite premier président au parlement de Provence).

1694. Henri-François Lambert d'Herbigny (*Biogr. lyonn.*).

1701. François Guyet, marquis de Bautanges, etc. (maître des requêtes, ensuite intendant des finances).

1704. Charles Trudaine de Montigny (*Biogr. lyonn.*).

1710. Antoine-François Méliand.

1718. Pierre Poulletier de Nainville (*Biogr. lyonn.*).

1739. Bertrand-René Pallu (*Biogr. lyonn.*).

1751. Bonaventure-Robert Rossignol.

1754. Henri-Léonard-Jean-Baptiste Bertin (*Biogr. lyonn.*).

1757. Jean-Baptiste-François de la Michodière ou Michaudière (*Biogr. lyonn.*).

1762 (Novembre). Jean Baillon (*Biogr. lyonn.*).

1768. Jacques de Flesselles (mort assassiné lors de la prise de la Bastille, le 14 juillet 1789 (*Biogr. lyonn.*).

1784. Antoine-Jean Terray (mort avec sa femme sous la hache révolutionnaire, le 28 avril 1794 (*Biogr. lyonn*).

Les intendances furent supprimées en décembre 1789. L'hôtel de l'Intendance de Lyon était situé à l'angle méridionale de la rue du Pérat et de la rue St-Joseph.

1551.—En ce temps là, Calvin et ses sectateurs redoublaient d'efforts pour propager leurs doctrines. Genève, devenue l'arsenal de la réforme, inondait la France de brochures dogmatiques, et le plus souvent satiriques et incendiaires. Ces pamphlets, à la faveur du voisinage, se glissaient dans le commerce de Lyon, et de là se répandaient facilement et sans contrôle dans toutes les autres villes du royaume. C. M. Leber, *de l'État réel de* la Presse, etc., p. 11; Garnier, *Hist. de Fr.*, XIII, 461, édit. in-4°.

1551.—Création d'un siège présidial, réuni à la sénéchaussée dont le ressort s'étendait sur les juridictions royales du Forez et du Beaujolais. Rubys, *Hist.*, p. 377; *Arch. du Rh.*, XIII, 27; Dupuy, *Traitez*, etc., p. 873. Voyez ci-dessus, *année* 1531.

1551. — Ouverture de la rue du Pas-Etroit et de la rue Terraille. Morin, v, 51.

1551. — Sébastien Serlio, né à Bologne, en 1475, avait quitté l'Italie, à la prière de François Ier, pour venir s'établir en France où il fut nommé architecte de Fontainebleau et surintendant des bâtiments de la couronne. Après la mort de ce prince, il s'était retiré à Lyon; il y tomba dans la plus grande détresse, et vendit ses manuscrits à Jacques de Strada, antiquaire, natif de Mantoue, établi à Lyon. Le produit de cette vente lui servit à payer les frais de l'ouvrage qu'il avait publié à Lyon, sous ce titre : *Extraordinario Libro di architectura.... nel quale si dimostrano trenta porte di opera rustica*, etc. In Lione, per *Giovan di Tournes*, M. D. L I, in-fol. — Serlio qui était retourné à Fontainebleau, y mourut en 1552.

1552. — (1551, v. s.). *Janvier.* Edit (enregistré au parlement le 4), portant création de dix-sept recettes générales. *Recueil* d'Isambert, xiii, 236. —Lyon est au nombre des villes où fut établi, conformément à cet édit, le siége d'une recette générale. —Voyez ci-après *juin* 1555.

1552. — *Juillet* 7. Installation du Présidial. J. Morin, v, 59.

1552.—*Septembre* 13. *Séance consulaire.* Maître Jean Daleschamps est nommé médecin de l'hôpital de Lyon, en remplacement de Claude Desmarest « qui « fait très-mal son devoir dans la visite et traitement des pauvres auxquels « il ne donne pas les remèdes convenables. » S.

1552. — *Septembre* 28. Entrée du cardinal de Tournon, archevêque de Lyon (par suite de la résignation du cardinal de Ferrare). — On alla au-devant de lui jusqu'à la Ferrandière, où il avait séjourné trois jours pendant que l'on faisait les préparatifs de son entrée. Rubys, p. 378 et 491. — La veille, il y avait eu transaction entre le consulat et le clergé au sujet d'une querelle de préséance. *Actes consulaires* du mois de septembre 1552 ; J. Morin, v, 62.

1552. — *Octobre* 12. Edit qui confirme les exemptions accordées aux marchands qui fréquentent les foires de Lyon. Fontanon, 1, 1069 ; Rebuffe, liv. iv, tit. 26, c. 11. Voyez ci-dessus, 10 *nov.* 1550.

1552. — *Décembre* 21. M° Jean Daleschamps, docteur médecin à l'hôpital de Lyon, prononce l'oraison doctorale. S.

1552. — La ville fait payer à Constantin Morai et Alexandre Aramondi, grecs de Constantinople, « gens ingénieux et experts architecteurs, lesquels « avaient dessiné les *plessieres* du Rhône, et baillé dessin pour les fortifica- « tions » J. Morin, v, 53.

1552. — Un *puysailler* nommé François Peloux est enfoui dans un puits qu'il creusait, et y demeure sept jours, ne subsistant que de son urine.—Barthelemi Aneau fit à ce sujet des vers qui ont été reproduits dans le tome iv de la *Revue du Lyonnais*, p. 252, à l'occasion d'un événement de même nature arrivé à Lyon en septembre 1836.

1552. — En ce temps-là florissait à Lyon (*non senza lode*) un musicien florentin nommé l'*Aiuola*. Voyez le *Catalogue des musiciens*, p. 511 du livre intitulé : *Sette cataloghi à varie cose appartenenti*, etc. Vinegia, 1552, in-8°. C. B.

1552.—Jean de Tournes publie une nouvelle édition des Œuvres de Sidonius Apollinaris, sous ce titre : *Caii Solii Appollinaris Sidonii Arvernorum episcopi Opera castigata et restituta.* Lugduni, apud *Joann. Tornæsium*, 1552. In-8° de 360 pages, précédées d'un avis au lecteur par Elie Vinet, daté de Bordeaux le 13 février 1551, et de la Notice de P. Crinitus sur Sidonius. —1re édit. lyonnaise de Sidonius. On ne cite que trois éditions antérieures:

celle de 1473, in-fol., que l'on croit avoir été imprimée à *Utrecht*; celle de *Milan*, 1498, in-fol., et celle de Bâle, 1542, in-4°.— Les principales éditions publiées depuis celle de J. de Tournes sont les suivantes : Bâle, 1597, in-8°; — Lyon, *J. Pillehotte*, 1598, pet. in-8° ; — Paris, 1598, in-8°; 1599, in-4° (*Catal.* de M. Leber, n° 5121), et 1609, in-4° (ces trois dernières édit. ont été données par Savaron) ; — Paris, 1614, in-8°, avec les notes de Sirmond; — Hayn (*Hanoviæ*), 1617, in-8° ; — Paris, 1652, in-4°, avec les notes de Sirmond, plus étendues que dans l'édition de 1614 ; c'est aussi la plus estimée et la dernière qui ait été publiée séparément du texte des Œuvres de Sidonius. La seule traduction *complète* qui en ait été donnée, est celle de MM. Grégoire et Collombet, avec le texte en regard et des notes, Lyon, imprim. de *Rusand*, 1836, 3 vol. in-8°; elle est précédée d'une *Notice sur Sidonius* par A. P., extraite du tome II des *Archives du Rhône*, et réimprimée dans le *Dict. de la conversation*, lettre S. — La traduction que Billardon de Sauvigny nous avait donnée en 1787, et avec un titre rafraîchi, 1792, 2 vol. in-8°, outre qu'elle est très-incomplète et manque de fidélité, n'offre le plus souvent qu'une courte analyse d'un grand nombre de pièces que le traducteur regardait comme peu importantes. — Quant aux *Lettres de St Loup, évêque de Troyes, et de St Sidoine, évêque de Clermont, avec un abrégé de la vie de St Loup*, par Remy Breyer, chanoine de Troyes; *Troyes*, Nicolas Debarry, 1706, in-8°., ce volume de VI et 36 pages, ne contient que la lettre unique de St Loup conservée par d'Acheri, t. v, p. 579 de son *Spicilegium*, et la réponse de Sidonius, liv. I, *Ép.* VI, avec le texte de ces deux lettres en regard ; le tout précédé d'un précis de la vie de St Loup qui occupe 18 pages. Voyez *Recherches sur l'établissement et l'exercice de l'imprimerie à Troyes*, etc., par M. Corrard de Breban, p. 21, et le *Catalogue des livres de la Biblioth. de M. Leber*, n° 5113.

1553. — *Janvier* 5. Mort de Symphorien Bullioud, évêque de Soissons, né à Lyon en 1480. *Biogr. lyon.*

1553. — *Février* 13. Le Chapitre de l'Église de Lyon députe Nobles, égrèges et vénérables Messires Pierre d'Épinac, Chamarier, et Marc de Passac, pour s'opposer, au nom du Chapitre, à la réception du Concile de Trente, en France. *Memoire du Chapitre primatial de Lyon*, etc. (Paris, 1705, in4°), p. 405.

1553. — *Avril* 7. Déclaration qui exempte définitivement les marchands fréquentant les foires de Lyon du droit d'imposition foraine, domaine forain, etc. Fontanon, I, 1072 ; *Recueil* d'Isambert, XIII, 312. Voyez ci-dessus, 12 oct. 1552, et ci-après, *mars* 1555.

1553. — *Mai* 16. Supplice de cinq étudiants qui étaient venus de Lausanne à Lyon pour prêcher la réforme. — Théodore de Beze a fait sur leur mort une élégie qui a été insérée dans le *Delitiæ poetar. gallor.*, p. 652 ; voyez aussi son *Hist. ecclés.* I, 82-92, et l'*Hist. abr. des Martyrs françois du temps de la Réformation*, par D.*** Amst., 1684, in-12, p. 109 et suiv. — On mentionne encore, dans ce dernier ouvrage, un Mathieu Dimonet, condamné à mort pour cause d'hérésie, et exécuté le 15 *juillet* de la même année. — Dom Liron, *Singularités his.*, III, 486, parle aussi d'un prêtre de Blois, nommé Denys Peloquin, qui fut brûlé, pour la même cause, à Villefranche, dans le diocèse de Lyon, le 11 *septembre* de cette année.

1553. — *Septembre* 23. Édit qui exempte provisoirement de l'impôt de traite foraine, les livres écrits ou imprimés, reliés ou non reliés (rendu sur la demande des marchands libraires et maîtres imprimeurs de la ville de Lyon). *Recueil* d'Isambert, XIII, 349.

1553. — *Octobre* 27. « Le Consulat passe mandement à M. Etienne Pasquier, recteur et principal du Collége nouvellement érigé du côté de Fourvières, près l'église de St-Jean, de la somme de 5o livres tournois à lui taxée pour aucunement le dedommager et lui aider à supporter les frais qu'il a faits et fait journellement pour l'entretenement dudit Collége, tant à nourrir et stipendier les regents qui enseignent les enfants de la ville, que pour payer le louage de la maison où ledit Collége a été érigé, auquel Collége il y a grande quantité d'enfants de la ville du côté de Fourvières; et moyennant cette somme, il a promis continuer l'entretien de ce Collége et des régents, et enseigner et faire enseigner les pauvres enfants qui n'ont pas de quoi payer les maîtres qui les enseignent. » Extraits de M. Sudan (copie de C. B). Voyez ci-dessus au 21 *décembre* 154g.

1553. — *Décembre* 21. Jacques Frachet, principal du Collége de la Trinité, prononce l'oraison doctorale, et reçoit pour sa peine 10 livres tournois.

1553. *Circa.* — Mort de Benoît Court, docteur en droit, chevalier de l'Eglise de Lyon, né à St-Symphorien-le-Château, connu par son commentaire des *Arrests d'amours* de Martial d'Auvergne. *Arch. du Rh.,* v, 256 et suiv. — Pernetti, par une singulière méprise, lui a consacré deux articles; I, 328 et 402; il le nomme *Du Curtil*, dans le dernier de ces articles. *Biogr. lyonn.*

1553. — Guillaume Roville publie la première édition latine de son *Promptuaire des Médailles*, 2 vol. in-4°. Le privilége qu'il avait obtenu le 27 juin, lui accorde la faculté de l'imprimer en latin, en français, en italien et en espagnol. Il employa pour la gravure des médailles un artiste piémontais, *George Reverdy*, qui était venu s'établir à Lyon. La Croix du Maine en a parlé dans sa Bibliothèque; il est appelé *Georgius Reperdius* dans les *Nugæ* de Nicolas Bourbon, p. 153 (*Biogr. lyonn.*). — Antoine Augustin se moque avec raison, dans son *Dialogue des Médailles*, du Promptuaire de Roville. Celui de Jacques Strada dont il existe une traduction qui parut aussi à Lyon en 1553, conserve encore quelque valeur. non pour les numismates, mais pour les bibliographes; cette traduction a pour titre :

« *Epitome du Thrésor des antiquitez,* C'est-à-dire Pourtraits des vrayes médailles des empp. tant d'Orient que d'Occident, De l'estude de Jacques de Strada, Mantuan Antiquaire. Traduit par Jean Louveau d'Orléans. A Lyon par *Jacques de Strada,* et *Thomas Guérin* M. D. LIII. , in-4° (B. de Lyon, 161, 2758). — L'Épistre dédicatoire de l'auteur au comte de Kirchberg et Weissenhorn, est datée de Lyon, le 28 novembre 1553 ; elle est suivie d'une épistre au lecteur dans laquelle Jacques de Strada, après avoir parlé du séjour qu'il a fait en Allemagne pour y rechercher des médailles, s'exprime ainsi : « ... De là, venant des Gaules, j'ai communiqué et hanté à Lyon avec noble homme Monsieur Guillaume (du) Choul, natif de ladite ville, fort expérimenté aux Histoires et à déclarer le revers des Monnoyes et Médailles figurées, homme au surplus de si bon jugement et si rare qu'on le peult bien conter entre les premiers expérimentez en cest affaire.... En sa maison magnifique (ce qui ne me semble que je doive celer), j'ay vu grand nombre de toutes pièces de médailles antiques ...., lesquelles il m'a communiqué.... Mays j'ay esté encore plus esmerveillé, et non sans cause, de l'industrie de Monsieur le thrésorier Jean Grollier, demeurant à Paris, homme noble et docte, lequel on appelle communement le thresorier de Milan, parce que, tandis que Milan était en la puissance du Roy François, il en estoit thresorier-general. La diligence duquel est grandement à priser, pource qu'il a amassé vn nombre presque infini de pièces d'or, d'argent et de cuivre..... y employant gens expressément , pour en retirer de tous les endroits, les plus singulières ; desquelles il ha un nombre merveilleux , et principalement de médaillons qui valent une richesse infinie. Il n'est pas seulement recommandable pour icelles antiquitez, mais aussi pour vne très-grande multitude de livres tant grecs que latins.En sorte que de tout ce que je pense me rester touchant la perfection de mon livre, c'est de visiter son thrésor d'antiquitez, espérant qu'il me sera propice et favorable..... » L'exécution typographique de ce volume sorti des presses de *Jean de Tournes* est fort belle, et c'est au *Petit Bernard* que fut confiée la gravure des médailles. Le texte latin du même ouvrage avait été imprimé la même année par le même *Jean de Tournes*, in-4°. Papillon, *Traité de la gravure*, I, 213; Huber et Rost, *Man.*, vii, 52; *Biogr. univ.*, art. Strada de Rosberg, et Serlio (Sébast.).

1554.—*Février* 8. *Séance consulaire.* « Philibert Vert, Benoît Clément dit Voisin et autres faisant la manufacture des draps de soie, présentent les règlements qu'ils ont fait dresser entre les ouvriers de ladite manufacture, et prient le consulat d'en poursuivre l'exécution auprès du roi, afin de prévenir les abus qui s'y introduiroient. Ils disent que de cette manufacture vivoient en cette ville plus de 12,000 personnes, et que ces règlements ne peuvent que la faire accroître.—Le consulat, après avoir fait examiner ces règlements, arrête d'en poursuivre l'homologation aux frais des fabricants. » S. et C. B.

1554.—*Avril.* Lettres d'Henri II qui confirment les statuts des ouvriers de drap d'or et d'argent de la ville de Lyon.—Enregistré au parlement le 4 décembre suivant. *Recueil* d'Isambert, xiii, 374; Dagier, *Hist. de l'Hôtel-Dieu*, i, 105.

1554.—*Juillet* 15. Christophe de Longueil, protonotaire du St-Siége, nommé par Henri II à l'évêché de Dôle, meurt à Lyon d'apoplexie, avant d'avoir été sacré.—Il fut enterré aux Cordeliers dans le chœur. Moréri.— Le P. Menestrier place la mort de ce prélat, dans ses *Notes chronologiq.*, à l'année 1552, et ajoute qu'il ne faut pas le confondre avec le savant du même nom qui mourut à Padoue, en 1522.

1554.—*Novembre* 27. Plusieurs notables habitants s'adressent au consulat pour qu'il demande au roi d'établir un parlement à Lyon.—Le consulat, dans sa séance du 3 *décembre*, arrête qu'il en délibérera.—Le 12 *février* de l'année suivante, le consulat, instruit que l'avocat Grollier est allé à Paris, pour demander, au nom des habitants, l'érection de ce parlement, déclare qu'il désavoue les démarches de M. Grollier. S. Voyez ci-après au 24 *avril* 1569.

1554.—*Novembre.* Edit du roi qui supprime les offices de prévosts provinciaux des mareschaux de France, et qui règle le pouvoir et les fonctions des lieutenants criminels établis auprès des sièges présidiaux.—On lit dans cet édit : «.... Voulons que doresnavant il n'y ait d'autres *prévosts* que les prévosts de nos connestables, marechaux de France et gouverneurs de Picardie, Champagne, Isle de France, Lyonnois, Forez, Beaujolois, y comprenant Auvergne et Bourbonnois,..... avec leurs lieutenants, officiers et archers. » *Recueil* d'Isambert, xiii, 411.

1554.—*Décembre* 17. Entrée de Guillaume Gadagne, seigneur de Saint-Victor, « nouvellement pourvu de l'estat de seneschal et lieutenant au gouvernement de la ville et seneschaussée de Lyon. » S. et C. B.—Gadagne succédait, comme lieutenant du roi au gouvernement de Lyon, à feu Jean Tignat qui avait remplacé Jean du Peyrat. Voyez les *Actes cons.*, au 25 février 1555.

1554.—*Décembre* 2. Jean Girinet prononce, dans l'église de St-Nizier,

l'oraison doctorale, en latin et en français (imprimée; Lyon, Jean de Tournes, 1555, in-4°).—L'orateur, dans sa harangue française, manifeste le désir qu'il soit établi un parlement à Lyon, et combat les raisons qu'alléguaient ceux qui s'y étaient opposés. Une note marginale (à la page 22) que nous croyons être de la main de l'avocat Claude Brossette est ainsi conçue: « En 1704, le roi eût créé un parlement à Lyon sans l'opposition du ma-
« reschal de Villeroi et celle du parlement de Paris. J'ai toujours regardé
« cette création comme une ressource assurée dans les besoins pressants de
« l'état. Deux raisons prouvent l'utilité de cette création ; l'une la perte du
« temps et l'éloignement des marchans de Lion qui sont obligés d'aller à
« Paris pour faire juger les procès pendans à la cour ; l'autre que des que
« un marchand de Lion est riche, il achète une charge de conseiller et de
« maître des requêtes à son fils ; témoin la famille de Pellot,—de Sabot,—
« de Mascranni,—de Pecoil,—de Desbonnel,—de Piarron,—de Dufenoil,
« —de le Viste,—de Scarron,—de Duchol,—de Faye, seigneur Despeisses,
« —et enfin de Bellièvre. » (B. de Lyon, 56, 19039.).

1554.—Guillaume Gadagne prend possession de l'office de sénéchal de Lyon. *Oraison doctorale* de Jean Girinet, p. 18.

1554.—Léonard Sarrasin, théologal de l'Eglise de Lyon, est pourvu de la custoderie de Ste-Croix, vacante par le décès d'André Beraud, dit Amyot, et en prend possession sans quitter la théologale, ayant obtenu dispense à cet effet. M.—Il y a eu un autre André Amyot, qui fut aussi custode de Ste-Croix, et qui mourut en août 1599, et non en 1582, comme l'a écrit Pernetti qui lui a mal-à-propos donné le prénom d'Antoine. Voyez Rubys, *Hist. de Lyon*, p. 454.—Suivant Pernetti, 1, 254, Léonard Sarrasin aurait donné, en 1544, plusieurs opuscules que cite souvent Severt. Nous ne connaissons d'autre opuscule de Sarrasin ou Sarasin que celui qui a pour titre : *Lugdunensium præsulum catalogus auctore* Leonardo Saraceno, *Lugdunensi cive et ecclesiaste,* imprimé avec le Catalogue des archevêques de France, *Parisiis*, 1562, in-fol., et cité par le P. Lelong, n° 8857.

1554.—« Le pape Jules III accorde un jubilé en faveur des filles repenties ou religieuses desservant l'Hôtel-Dieu de Paris, pour fournir aux frais de leur établissement. En exécution des lettres-patentes d'Henri II, ce jubilé est publié dans tout le royaume ; mais, sur les conclusions du procureur-général de la ville de Lyon, le consulat ordonne que les aumônes faites par les fidèles de la cité pendant les trois fêtes de la Pentecôte, du St-Sacrement et de la Sainte-Trinité seront partagées par tiers entre l'Hôtel-Dieu, l'Aumône-Générale et les religieuses de Paris. » Dagier, 1, 103.

1554.—« Antoine Champier, fils du célèbre Symphorien Champier, médecin du duc de Lorraine, et qui avait remplacé son père en la même qualité, rachète, pour deux cents livres, une pension annuelle de dix livres, créée au profit de l'Hôtel-Dieu, et imposée sur une maison sise à Lyon, quartier de St-Nizier. » Dagier, 1, 104.

1555.—*Mars* 26. Des lettres-patentes de Henri II accordent aux conseillers des communautés de la ville de Lyon, le droit de faire porter épées et dagues à cent de leurs arquebusiers.—Des lettres de Charles IX, du 18 août 1561, accordèrent le même privilège du port-d'armes à deux cents arquebusiers. Ce nombre était celui de la compagnie qui existait encore en 1789, et dont 50 hommes faisaient un service continuel ; les autres appelés *arquebusiers des cent cinquante,* fournissaient tous les soirs le nombre d'hommes nécessaire pour renforcer les postes des arquebusiers à l'hôtel-de-ville, et faire des patrouilles pour la sûreté publique, dans toute l'étendue de la ville. Prost de Royer, *Dict. des arrêts*, vi, 613.

1555.—*Mars*... Edit du roi qui supprime le *Bureau de la traite forayne* établi à Lyon. Rubys, p. 379; Pernetti, 1, 285. Voyez ci-dessus au 7 *avril* 1553.

1555.—*Mai* 4. Michel Nostradamus publie la première édition de ses *Prophéties* à Lyon, chez *Macé Bonhomme*; petit in-8° de 46 f. lettres rondes. On lit à la fin du volume : *Ce present liure a esté acheué le iv jour de mai M. DLV*. Cette édition ne contient que quatre centuries. La première édition complète est celle de Lyon, *Benoist Rigaud*, 1568, petit in-8°. —Parmi les réimpressions qui ont été faites à Lyon, nous citerons la suivante : *Les Prophéties de Maitre Michel Nostradamus dont il y en a trois cents qui n'ont jamais été imprimées. Ajoûtées de nouveau par ledit auteur. A Lyon, chez Jean Viret*, 1697, in-12, de 180 p. non compris 12 pages non chiffrées du titre (en face duquel est un portrait de Nostradamus) et de la préface de Nostradamus, datée de Salon le 1er mars 1555. Après la page 98 est un titre ainsi conçu : *Les Prophéties de M. Michel Nostradamus. Centuries VIII. IX. X. qui n'ont encore jamais été imprimées. A Lyon chez Jean Viret*, 1697. Ces *nouvelles* centuries sont précédées d'une Epître de Michel Nostradamus à Henri II, roi de France, datée de Salon, ce 27 de juin 1558. C'est dans cette épître que se trouve ce passage qui fit tant de bruit au commencement de 1792: «.... sera faite plus grande persécution à l'église chrétienne, qui n'a été faite « en Afrique, et durera cette ici jusques à l'an *mil sept cent nonante-deux* « que l'on cuidera être une renovation de siècle, après commencera le « peuple Romain de se redresser, et de chasser quelques obscures tenebres, « recevant quelque peu de leur pristine clarté, non sans grande division et « continuel changement.... » Voyez le *Dict. hist.* de Feller, art. *Nostradamus* (Michel), et les *Mélanges tirés d'une petite Bibliothèq.*, par C. Nodier, p. 331 et suiv.—La Bibliothèque de Lyon possède un exemplaire de l'édition de Viret qui très-probablement n'est qu'une réimpression de celle de B. Rigaud. —Un des derniers biographes de Nostradamus, M. Eugène Bareste, a consigné dans son livre (*Nostradamus; Paris*, 1840, p. 29 et suiv.) quelques détails sur le séjour que le médecin de Salon fit dans notre ville, en 1547; nous les reproduisons, mais nous n'en garantissons pas l'authenticité : «.... Michel Nostradamus quitta encore une fois Salon, et courut soigner les pestiférés Lyonnais. Un des savants médecins de cet endroit nommé Jean-Antoine Sarrazin, et l'un des docteurs de la faculté de Montpellier, voulut arrêter seul et sans le secours de personne, les progrès de la contagion. Il *ambitionnait* la gloire du médecin de Salon, et croyait se faire à Lyon une réputation semblable à celle que Nostradamus s'était faite à Aix. S'il avait le dévouement du premier, il lui manquait la science, et cependant les historiens de Montpellier et de Lyon le considèrent encore comme un des plus doctes personnages de cette époque. Nostradamus qui était fort modeste, quoique connaissant parfaitement sa valeur, fit part à Sarrazin des observations qu'il avait recueillies à Aix, et l'engagea à suivre une autre route s'il voulait arrêter les progrès du fléau. Le médecin de Lyon ne tint aucun compte des sages conseils de son collègue, et tua ou laissa mourir tous ceux qu'il se proposait de sauver. Les Lyonnais peu satisfaits des remèdes de leur compatriote allèrent trouver Nostradamus (lequel guérissait en cachette, et pour ne point fâcher Sarrazin, les malheureux qui venaient le consulter); ils se jetèrent à ses pieds, et lui demandèrent à grands cris de ne point les abandonner. Celui-ci leur fit cette réponse : « Je veux bien vous secourir, « mais laissez-moi expérimenter à ma manière ; j'honore beaucoup, ajouta-t- « il, le célèbre docteur Jean-Antoine Sarrazin, mon collègue ; mais comme

« mes remèdes diffèrent des siens , je désire que vous choisissiez celui qui
« doit rester médecin de votre ville, et que vous optiez à l'instant même pour
« l'un ou pour l'autre, pour moi ou pour Sarrazin. » A ces mots toute la députation s'écria : « C'est le docteur Nostradamus que nous choisissons, le
« libérateur de la ville d'Aix ! » Un mois après, la joie était peinte sur tous les
visages : le fléau dévastateur n'existait plus, et le docteur Nostradamus, com-
blé d'honneur et de présents, retourna triomphant à Salon, escorté des auto-
rités de la ville que sa science et son dévouement avaient sauvée...» Voyez
la *Revue du Lyonn.*, ii , 226 , et iv , 66 , et ci-dessus, *année* 1547.

1555. *Mai* 24. — Pose de la première pierre de l'église des Minimes par
le doyen et l'archidiacre de St-Jean. — Cette pierre fut bénite par Jean Bo-
théon, évêque de Damas, suffragant de l'archevêque de Lyon. — Le fondateur de l'ordre des Minimes, S. François de Paule, avait passé à Lyon en 1472.
Un de ses disciples, Frère Simon Guichard, vint y prêcher le carême en 1558
dans l'église de Sainte-Croix (1). Théodore de Vichy qui était alors doyen du
Chapitre, et qui avait conçu une grande estime pour ce religieux, institua les
Minimes pour ses héritiers, par testament du 5 juin 1555. Grâce à ce legs et
aux aumônes de quelques personnes pieuses, les Minimes firent l'acquisition
d'une vigne située sur la colline de Fourvière, au lieu appelé la *Croix des Des-
colez*, et par le vulgaire la *Croix de Colle*. Les particuliers qui avaient aliéné
cette vigne étaient tellement persuadés qu'elle recelait un trésor, qu'ils se réser-
vèrent dans l'acte de vente la moitié de celui que l'on découvrirait. *Gestes et faits
mémor. de Henri II*, édit. de 1559; Rubys, p. 377 ; Brossette, *Eloge hist.*, p.
102 ; d'Attichy, *Hist. des Minimes* , p. 313 ; Cochard, *Descript. de Lyon*, p. 296;
C. B., *Dict. des rues de Lyon*. Voyez aussi l'*Alm. de Lyon* pour 1755, p. 46.

1555. — *Juin.* Edit de création de deux offices de Collecteurs de deniers
des recettes particulières en chacune des dix-sept recettes générales des finances. — Autre édit du même mois qui crée en chacune des dix-sept généralités, un office de surintendant de l'Administration des deniers des villes , et
un receveur et payeur des officiers présidiaux. — Ce dernier édit a été rapporté en 1560, sous Charles IX, à la demande des états-généraux. — Henri II,
sous prétexte de protéger les communes, s'était emparé de leurs deniers; on
se souvient que Napoléon en fit autant. *Recueil* d'Isambert, XIII, 445 et 448.
Voyez ci-dessus, *Janvier* 1552.

1555. — *Juin.* Charles Fontaine est nommé par provision principal du
collège de la Trinité , en remplacement de Jacques Fraschet qui avait pris la
fuite. — Le 9 *juillet* suivant, le consulat « duement informé des sens , suffi-
« sance , savoir et prudhomie de M. Jacques Dupuy, maître ez arts , » le
nomma principal recteur et gouverneur du collège. S. et C. B. Voyez ci-
dessus , au 15 *décembre* 1551 , et ci-après au 21 *juillet* 1558.

1555. — *Août* 23. Un arrêt du conseil d'état confirme les ordonnances des
cardinaux de Lorraine et de Tournon, données en faveur du Chapitre de Lyon
contre la faculté de théologie de Paris, qui avait condamné la pratique des
Chanoines de Lyon, de ne fléchir qu'un genou à l'élévation de l'hostie. —
Voici en quels termes était conçue la censure de la Sorbonne: « In choro
« non flectere utrumque genu usque ad terram, sed vel altero genu ,
« vel utroque super cellam inniti in elevatione sacrosancti Corporis et San-
« guinis Christi, error est intolerabilis; neque ulla consuetudine possunt ex-
« cusari qui hoc faciunt. Prohibitio verò qua prohibetur humi utraque genu-

---

(1) C'est Rubys qui rapporte ce fait, *Hist. de Lyon* , p. 377 , mais il se serait trompé ;
voyez *Chronic. Minor.*, p. 234.

« flexio est arrogans, impia, schismatica et scandalosa, hæreticis favens... »
Ch. Fleury, *Hist. du C. de Tournon*, p. 286 et suiv.; *Revue du Lyonn.*, 11,179.

1555. — *Août.* Édit qui limite le nombre de banquiers et changeurs publics en chaque ville du royaume (excepté celle de Lyon), et les érige en officiers. *Recueil* d'Isambert, XIII, 456. —Une occasion se présente, et nous la saisissons, de réparer une omission en plaçant ici quelques lignes sur les banques de Lyon, que nous empruntons à la Prosopographie de du Verdier, p. 491, édition d'*Ant. Gryphius*, 1573, in-4° : « Au commencement du règne du roi François, premier du nom, les banques furent introduites en la ville de Lyon, par estrangers; invention très-dommageable, ne tendant qu'à la totale ruine des hommes, bien que ces gentils banquiers disent que par leur moyen s'entretient l'humaine société : mais je vous prie, voyez quelle palliée couverture. On peut assez cognoistre leur dire estre faux : car si un homme prend deniers d'eux, le voilà empestré de telle façon que c'est grand cas si jamais il se remet. Et s'il leur en baille pour les faire profiter, et avoir (comme on dit) argent en banque, après qu'ils ont fait lever de grandes sommes de deniers, ils s'en vont en Espaigne ou en Angleterre, en Sicile ou à Constantinople, et ailleurs, et puis allez les chercher, ou attendez-en bien les nouvelles jusques à leur retour qui sera aux Calendes grecques, ou à nostre Dame de May. Ainsi font une belle banque route, belle et bonne pour eux, laide et mauvaise pour le pauvre créancier. Leur dix pour cent de foire en foire, leur interest de l'interest, leur *cento per cento*, ont causé que l'usure est si fréquente pour le jourd'hui, qu'il n'est dict fils de bonne mère qui ne prend usure sur son prochain, et encores s'en glorifie-l'on... » Voyez ci-dessus, années 1490 et 1549.

1555. —*Octobre* 13. Le cardinal de Lorraine, qui se rendait à Rome, arrive à Lyon et prend son logement dans l'hôtel de M. le sénéchal de Gadagne. — A son retour de Rome, le 6 février suivant, le cardinal logea dans la maison de Laurent Capponi. S. et C. B.

1555. — *Décembre* 19. M⁰ Pierre Buyer, notaire, avait, le dimanche précédent, à l'assemblée générale des maîtres des métiers, proféré ces paroles séditieuses : « Savoir qu'il n'y avoit que subsides en la ville, dont les gros ne « payoient rien, et qu'il n'y avoit que le pauvre peuple qui payât....; qu'il « n'y avoit que mangerie et pillerie sur ledit peuple, et que ceux qui pre- « noient de l'argent à intérêt sous le nom de la ville, en faisoient leur profit « particulier, etc. » — Ces paroles propres à émouvoir les esprits, occasionnèrent un mouvement parmi le menu peuple qui, dans cette assemblée, commençait déjà fort à murmurer contre les échevins. Par autorité du sénéchal, on fit une information contre Buyer, et on le poursuivit. Claude Platet, nouveau conseiller, et quelques citoyens de la ville, vinrent solliciter le consulat de lui faire grâce, « en considération qu'il étoit chargé de femme et en- « fants, et qu'il ne se rappeloit pas avoir tenu tous ces propos, mais qu'il « était prêt à les désavouer en criant *Mercy au Consulat.* » Celui-ci voulait qu'il fît une réparation solennelle, et que, pour le moins, en semblable assemblée de notables et maîtres des métiers, il fît amende honorable, tête nue et à genoux, disant : « Que follement et témérairement il a proféré lesdites pa- « roles dont il se dédit, et en crie *Mercy à Dieu, au roy et aux sieurs conseil- lers.* » Cependant par miséricorde, on se contenta qu'il vint aussitôt au Consulat se dédire desdites paroles, s'en repentir et en crier *Mercy au Consulat;* ce qu'il fit immédiatement. S., C. B.

1555. — *Décembre* 21. M⁰ N. Mellier, docteur en droit, prononce l'oraison doctorale. S.

1555. — *Décembre* 22. Néri de Torvéon, lieutenant-criminel au présidial de Lyon, est nommé lieutenant du roi pour le gouvernement de Lyon, par lettres patentes d'Henri II, datées de Blois. — Cette charge lui fut confirmée par autres lettres-patentes de François II, du 3 janvier 1559. Il fut maintenu aux gages de la même charge, *quoiqu'il ne l'exerçât plus*, par Charles IX, le 3 juillet 1573, et par Henri III, le 24 janvier 1575. M. ; Pierre Polla, *Oraison funèbre* de Marguerite de Quibly, p. 107.—Voyez ci-dessus au 22 *décembre* 1554. —Néri de Torvéon eut pour successeur, comme lieutenant du roi au gouvernement de Lyon, en 1557, Louis Adhémar de Monteil, comte de Grignan, qui fut remplacé le 8 décembre de la même année, par Antoine d'Albon, abbé de Savigny.

1555. — Pierre Woeriot ou Voeiriot, Lorrain, orfèvre et graveur, était alors établi à Lyon. C'est lui qui a orné de gravures en taille-douce un volume ayant pour titre : *Pinax iconicus antiquorum ac variorum in sepulturis rituum*, etc., Lugduni, apud *Clementem Baldinum*, 1556, in-8°, obl. Ce charmant opuscule offre plusieurs vues lyonnaises. L'auteur du texte est probablement le libraire Clément Baudin qui a dédié le livre aux antiquaires (*antiquariis*). *Biogr. univ.* — Un autre graveur non moins célèbre, *Jean Duvet*, de Langres, exerçait aussi son art à Lyon vers ce temps-là. C'est à son burin que l'on doit les belles gravures qui ornent l'*Apocalypse*, publiée à Lyon par *Jean de Tournes* (fils), 1561, in-fol. Voyez Jansen, *Origine de la gravure*, 1, 224.

1555. — Barthélemy Aneau publie sa traduction du *Trésor d'Evonime Philiatre* (Conrad Gesner) *des Remedes secretz* (A Lyon, chez *Balthazard Arnoullet*, in-4°). — Niceron n'a pas connu cette traduction, dit M. Barbier qui n'a pas connu cette édition, et qui en cite une de 1558, in-4°. —La dédicace d'Aneau, *A Tresfidel et excellent chirurgien, M. Maistre, Simon Guy*, se termine ainsi : « ...J'ay bien voulu icy mettre ce tesmoignage literaire pour « donner à cognoistre à l'auenir, aux enfans de vous et de moy que les peres « ont ensemble vescu bons amys... »

1555.—Etienne Charpin, prêtre de l'Église de Lyon, publie le catalogue de sa bibliothèque. C. B., *Nouv. Mél.*, p. 45; *Biogr. lyonn.*, p. 67.

1556. — *Janvier* 16. « M. Jacques Dupuy, nouveau principal du Collége, ayant fait tenir prisonniers certaints pédagogues de ce Collége qui lui représentoient qu'il devait tenir trois régents, le Consulat, sur les remontrances de plusieurs citoyens, le mande et lui rappelle qu'il devoit, en cas de plainte, avertir le Consulat qui sauroit bien y mettre ordre, et on lui enjoint de relâcher les pédagogues. » Act. consul. (C. B., IX, 330.)

1556. — *Février* 1. Supplice de Claude Lacanezière, joueur d'instruments, natif de Paris, condamné à mort pour cause d'hérésie, et exécuté sur la place des Terreaux. *Hist. abr. des Martyrs françois*, etc., p. 190.

1556. — *Mai* 23. Le maréchal de Saint-André arrive à Lyon et prend son logement chez le sénéchal de Gadagne, en son hôtel, au-dessus de Saint-Barthélemy. — Pendant son séjour, le Consulat lui offrit 1200 écus d'or sol, et en les lui présentant, on le pria de prendre en gré ce petit don, attendu la pauvreté de la ville. S. ; C. B., IX, 361, 365.

1556. — *Juin* 4. *Fête-Dieu.* Sur l'après-dinée, fit son entrée à Lyon, par la porte du pont du Rhône, le cardinal Caraffe, neveu et légat du pape Paul IV, lequel allait trouver le roi pour moyenner la rupture de la trève peu auparavant contractée entre la France et l'Espagne. En rapportant ce fait, Rubys s'écrie : « *Et ô quantum distat Codrus ab Inacho!* Le matin l'on avoit vu « promener par Lyon le prétieux corps de celuy qui est l'autheur de paix, et

« le conservateur des corones et des royaumes, et après disner l'on vit passer
« en triomphe celui qui apportoit la guerre et la ruine de ce royaume.... »
Hist., p. 58o. —Avant son entrée, le cardinal Caraffe s'était arrêté pendant
quelques jours au château de la Mothe, pour attendre que les préparatifs de
sa réception fussent achevés. Actes Consul. des 15 mai et 1er juin 1556; P. Matthieu, *Hist. de Henri II*, p. 145; J. Morin, v, 80; Cochard, *Notice sur le
château de La Mothe*, p. 4. — Ce cardinal, dit le P. Menestrier, portait au
roi l'épée bénite que le pape a coutume d'envoyer aux princes ; il la lui présenta à Fontainebleau. *Notes chronologiq.*

1556. —*Septembre* 7. Mort de Sébastien Gryphe, un des plus célèbres imprimeurs de Lyon, né à Reutlingen en Souabe, vers 1493, *Biog. Lyonn.*
—Gryphe avait épousé en secondes noces Françoise Mermet qui lui fit élever,
dans l'église de Saint-Nizier, un tombeau qui fut détruit lorsqu'on répara,
peu de temps avant la révolution de 1789, le pavé de la nef principale de
cette église ; on y lisait l'inscription suivante :

« *Sebastiano Gryphio nulli typographorum suæ ætatis comparabili secundo
Francisca Mermetia marito viva ponendum curavit. Obiit septimo die septembris,
anno 1556.* »

Voici en quels termes la mort de Gryphe est racontée dans les *Gestes et faits
du roi Henri II* (à Lyon, par J. d'Ogerolle, 1559, in-16), pag. 116 :
« Sebastian Gryphius de nation germanique, homme de bonnes lettres,
citoyen de Lyon (et de son temps quasi à nul autre second), décéda de ce
monde en l'autre le septième jour de septembre 1556. La mort duquel laissa
grand regret aux poures gens de ladite ville. » (Voyez aussi Th. Galliot,
Inventaire de l'histoire journalière, Paris, 1599, in-8°)— Charles Fontaine,
Parisien, qui vivait alors à Lyon, fit pour Sébastien Gryphe une épitaphe que
l'on a presque toujours citée en la défigurant ; la voici telle qu'elle se trouve
p. 20 du petit volume de poésies qu'il publia en 1557, Lyon, J. Citoys, in-8° :

La grand'griffe qui tout griffe
Ha griffé le corps de Gryphe,
Le corps de ce Gryphe : mais
Non le los : nou non, iamais.

1556.— *Décembre* 6. Le duc de Guise, lieutenant-général à la conduite de
l'armée qui va delà les monts, arrive à Lyon, accompagné du duc de
Nemours et autre grands seigneurs. — La veille était arrivé à Lyon le maréchal de Brissac, qui revenait de Turin. S.

1556. — *Décembre* 21. Antoine de Masso prononce l'oraison doctorale (*).
Il prend pour sujet l'inégalité dans la répartition des subsides que lève le gouvernement. Voici un fragment de ce discours qui fera connaître quelle était
à cette époque la situation de notre cité. L'orateur s'adresse aux échevins :
« Vous savez, messeigneurs, que le Roy nostre Souverain, pour repousser
les entreprises de son ennemi, a esté contraint par plusieurs armées, à son
grand regret, imposer subsides non seulement sus la ville de Lyon, mais sus
toutes les villes de France. Mais dès le commencement de l'introduction desdictz
subsides, ceste ville, pour la celebrité du commerce, a esté tant surchargée
(eu egard aux autres villes), que par-ci-devant les consulz, vos majeurs,
ont esté contraints charger la marchandise d'un subside fort onereux et per-
nicieux au corps universel de la ville de Lyon. Toutesfois pour contenter la

(1) Imprimée la même année en latin et en français, Lyon, *Roville*, in-4°, avec une dédicace
de l'auteur à François Grolier, son oncle maternel, secrétaire du roi, conseiller de ville, etc.

volonté du Roy, tendant à la tuition et défence de toutes ses villes : les
consulz ont esté si prompts à trouver deniers : que la facilité des payemens a
fait continuer l'esgallation excessive dudit subside. Et parce que la fureur de
Mars n'est encores refroidie : et que le devoir des subiectz est , de tousiours
secourir le prince (quand la necessité le requiert), non seulement des biens,
mais iusques à l'effusion du propre sang : fault par nécessité , ou continuer
ledict subside sus la marchandise : ou imposer autres charges sus les biens et
facultés des habitans de la ville. L'un et l'autre ne peut estre que fort dom-
mageable à tout le peuple. Toutesfois, desdictes deux incommodités, fault prendre la moindre. Et pour le bien discerner, fault estimer, d'une part et d'autre,
les dommaiges , la possibilité, le contentement, et du Prince et du peuple.
Quant à la charge et subside de la marchandise : l'expérience a monstré le
grand et inestimable mal, que souffre la dicte ville, puys l'introduction d'ice-
luy : le commerce est fort diminué : les marchands divertis, prenans leurs
adresses en autres villes étrangères : les manufactures des pauvres artisans
estainctes et presque abolies, au grand dommaige, non seulement de Lyon,
mais de toute la France. Et pour abréger, si tel subside avoit long cours ,
s'en ensuyuroit une extermination finale de tous les marchans : et d'une ville
tant celebre et renommée, se feroit un villaige pauvre et nécessiteux. Au
contraire, si on mettoit subside sus les facultés et biens du peuple (qui sont
fort difficiles à cognoistre) s'en ensuyvroit , que l'équalité qui se doit garder
entre concitoyens, par vray regime de police, ne se pourroit, sans grands
inconvéniens, observer. La raison est prompte et oculaire. Car proposons ,
que le corps universel des habitants de Lyon soit composé de quatre parties
du peuple; les deux desquelles sont composées de pauvres artisans et merce-
naires vivans de iour en iour de leur seule industrie : lesquelz sans estre chargez
d'aucun subside, sont en travail continuel pour gaigner seulement les choses
necessaires pour leur nourriture : et le plus souvent quand leur survient ou
maladie, ou charge d'enfans, ou vieillesse, sont contrains avoir leur refuge
à l'aumosne generalle. Une autre quarte partie est composee d'un grand nombre
de gens d'Eglise, possedans la plus grande partie des biens apparans en ce
païs de Lyonnois : lesquelz ne contribuent audict subside : parce , que d'ailleurs ilz sont chargez de decimes grandes et insupportables ; et d'abondant
exempts par l'ordonnance des legislateurs. Et à ceste quarte partie ie fay
adiunction de plusieurs marchans des nations estranges, résidans à Lyon : faisans, non seulement la plus grande partie, mais presque le total du commerce
de marchandises et changes qui se font en la ville de Lyon : lesquelz par privilege special ne supportent avec les autres cohabitants françoys aucune partie
des subsides. Reste l'autre quarte partie composee de gens de mediocre condition : ayans quelques biens en evidence , à grand peine suffisans pour la nourriture de leurs familles : faisans nul, ou bien petit prouffit de leur industrie qui
ne peult suffire le plus souvent aux maladies , survenant charge d'enfans,
mariages de filles , et autres infiniz accidens, ausquelz tous humains sont
iournellement subiectz. Ceste quarte et dernière partie de peuple est seule
subiecte à la charge des subsides. Et encores d'icelle fault distraire plusieurs
notables et des plus opulentes maisons de la ville : lesquelles, par privilege
et bénéfice du prince sont immunes, tellement, que icelle distraction faicte, le
peuple restant subiect ausdictes charges , ne fait une cinquième partie du
corps universel de la ville. Parquoy, après avoir discuté par le menu la faculté, le nombre, et condition des citoyens (comme doivent faire tous administrateurs du peuple) icelle cinquième , et encores moindre partie du peuple, ne pourroit certainement porter la dicte charge. Et si pour le soulaigement du commerce, ladicte charge estoit transferee sus le dos de ladicte par-

ticule de populaire, vous messieurs les consulz feriez actes contraires à l'instinct naturel des peres : parce que pour l'administration qui vous est commise, pouvez estre nommez optimatz et peres du peuple. Or ya-il chose tant contraire au naturel d'un bon et bien né père de famille, que d'arracher de la main de leurs propres enfants, le pain destiné pour leur nourriture ? et au lieu de les conserver en leurs biens, pour eux et leur posterité : les contraindre par tel faiz faire distraction de ce peu de biens qu'ilz ont ? et au lieu de chercher moyen d'augmenter et amplifier leurs facultés, les contraindre par continuation de telle charge, abandonner le domicile d'eux et de leurs progéniteurs ? Qui est tant contraire à la raison naturelle, et au precepte des lettres sacrees, que le pain des propres et naturelz enfants, le faire tumber en mains estrangieres ? Et de ce nous instruit suffisamment la nature seule, comparee de raison, des bestes brutes : lesquelles nourrissent, preservent, et avec peril de leur vie deffendent couraigeusement les petitz estant soubs leur charge. Qui est l'homme tant privé et esloigné du sens naturel, qui n'eust compassion de mettre sus son asne, cheval, ou beuf, un fardeau à l'animal insupportable ? delaissant les raisons naturelles, lesquelles se manifestent d'elles memes, venons aux civiles. Tous administrateurs de république doivent sus toutes choses. pour l'obeissance deuë au Roy, comme chef et protecteur de son peuple, satisfaire à sa volonté, la nécessité de la guerre ce requerant, et de chercher le plus prompt expedient de trouver deniers, pour resister à l'ennemi de toute la France : auquel nous devons obsister non seulement de noz biens, mais exposer noz propres vies, quand la necessité et le temps le requièrent. Et pour ce faire, n'ont peu voz maieurs trouver moyen plus convenable que charger la marchandise venant en cette ville, de laquelle les marchans par augmentation de prix se rembourcent après par le menu sus le peuple de sorte que effectuellement les habitans de toute condition paient enfin le dict subside. Et iaçoit que les marchans avancent les deniers avec quelque incommodité : toutesfois la raison requiert, que ceux, qui enfin sentent le prouffit, supportent aussi la charge ; mesmement plusieurs marchans des nations estranges : qui à l'exemple des mouches à miel, font diligence de tirer toute la fleur du prouffit de toutes, ou de la plus part, des marchandises venans en ceste ville : et puis l'emportent hors du royaume. Parquoy ne seroit raisonnable, pour le soulaigement desdictz étrangiers riches et abondans, et qui d'ailleurs sont favorisez de toutes parts ; que la peau restant aux naturelz François leur fust ostee de dessus les os. Joinct, que la celebrité et réputation de la ville de Lyon, procedante du commerce, a esté cause que dès le commencement des guerres, la ville de Lyon a esté surchargee excessivement, eu égard aux autres villes de France. Et qu'ainsi soit, égallation faicte de l'habitant de Lyon, avec l'habitant de Paris, Rouen, Tholose, Orleans, ou d'autre ville quelconque : se trouvera que véritablement le Lyonnois paye cinq ou six fois davantage pour sa quote ; tellement qu'en telle necessité, fault que l'administrateur du public, baille la guerison, d'où procede le mal...»

1556.—En cette année fut une telle sécheresse que les blés gros et petits demeurèrent la plupart en terre, et en fut la cueillette fort petite ; ce qui donna occasion aux bonnes gens de village de recourir, comme autrefois, aux processions blanches qui eurent telle efficace, que sur le mois d'août les pluies vinrent si à propos, que l'on eut encore bonnes vendanges. Cependant l'extrême chaleur qu'il fit durant tout l'été fut cause qu'en septembre les arbres qui avoient déjà fleuri refleurirent pour la seconde fois, et en plusieurs il y avoit le fruit vieux et le fruit nouveau, et on voyoit aux vignes le raisin et la fleur. Rubys, p. 580.—La sécheresse qui avait commencé le 26 mars dura jusqu'au 10 août. *Alm. de Lyon* pour 1746, p. xxxvii.

1556. —Sébastien Griffo, marchand génois, faisant des ouvrages de terre et autres pour servir de vaisselle, offre d'établir sa résidence et sa manufacture à Lyon, moyennant aide et faveur. Le consulat, considérant que cette manufacture est nouvelle en cette ville et même au royaume de France, accorde exemption d'impôts et de subsides pendant deux ans au sieur Griffo qui promet de s'établir à Lyon, de faire venir des ouvriers d'Italie, et de prendre pour apprentis des enfants de l'Aumône. J. Morin, v, 70.

1556. —Charles Fontaine, Parisien, composa cette année son *Ode de l'antiquité et excellence de la ville de Lyon;* c'est lui-même qui nous l'apprend:

> Fait en l'an des grandes chaleurs,
> Durant cinq mois sans grandes pluyes,
> Juillet rendit les raisins meurs,
> Et Aoust vendanges accomplies.

Cette Ode fut imprimée l'année suivante (1557), Lyon, *J. Citoys*, petit in-8°, ainsi qu'un autre volume du même auteur, intitulé: *Odes, Enigmes et Epigrammes*, etc., in-8° de 111 pages. Ces deux volumes offrent un certain nombre de petites pièces presque toutes adressées à des Lyonnais, tels que Guillaume Gazagne (Gadagne ou Guadaigne), sénéchal de Lyon, Guillaume Mellier, lieutenant civil et particulier au siége de Lyon, Girinet, juge, Athiaud, avocat, M. et Mme de Chevrières, Claude Laurencin, seigneur de Riverie, M. de Saint-Irigny, son fils, les deux Grollier, l'un secretaire du roi, et l'autre trésorier, Gerardin Panse, Nicolas Perret et Pierre Sève, échevins, François Delbène, Antoine Galand, précepteur de ce derniers, Jules Spine (Spina), Florentin, etc., etc. Menestrier, *Notes Chronol.;* C. B. *Mél.* et *Nouv. Mél.*, passim. Voyez aussi l'article FONTAINE (Charles) dans la *Biogr. lyonn.*

1557. — *Février* 20. Les murailles qui environnaient une grande place devant Notre-Dame du couvent des Jacobins, sont abattues; — « et ce fut «fait pour l'embellissement et enrichissement de la ville de Lyon.» *Faits mémorables*, etc. Lyon, 1557, p. 419. — La rue Saint-Dominique n'existait point encore; elle ne fut ouverte qu'en 1562, au mois de mai, par le baron des Adretz qui voulut établir une communication entre la place Confort et celle de de Bellecour où il avait deposé son artillerie. Cochard, *Descrip. de Lyon*, p. 33 et 74. J. Morin, *Hist. de Lyon*, v, 55; C. B., *Dict. des rues de Lyon.*

1557. — *Août* 8. Claude d'Urfé adresse aux échevins la lettre suivante : «Messieurs, j'ay reçu la lettre que m'avez escripte du xxixe de mars passé, concernant le doubte que aviez que aucuns fissent ériger en tiltre d'office la recepte des six deniers par livre de la marchandise qui entre dedans Lyon et me semble que m'avez envoyé cest advis tres apropos, car a ce que j'ai sceu, il y en avoit que y prétendoient, mays je n'ay rien oblyé de remonstrer au conseil ce que m'a semblé pour l'utilité de voutre ville, ensemble ay fait ouyr Garrel voutre solliciteur qui a tres-bien desduit le fait, lequel est, Dieu mercy, reussy a voutre intention et ne fault point que ayez doubte que l'on obtienne ledit office a mon sceu, car pourveu que j'en soys adverty, je y pourvoiray toujours bien, comme je feray toute ma vye en tout ce qui concernera le bien public de voutre ville et le voutre particulier, a quoy je ne m'espargneray jamays. Me recommandant sur ce, Messieurs, à vos bonnes graces, priant Dieu de vous donner ce que plus desirez.

À Compiegne ce viije d'août, 1557. Votre bien bon voisin et amy, URFÉ. »

Voyez *Les d'Urfé ; Souvenirs hist. et litt. du Forez au xvi° et au xvii° siècles,*
par Aug. Bernard. Paris, 1839, in-8°, p. 50. Cet ouvrage, fruit de longues et
pénibles recherches , offre nombre de faits qui ne devront pas être négligés
par ceux qui s'occuperont de l'histoire civile et littéraire de notre ville pendant
la seconde période du xvi° siècle. On peut consulter aussi sur les d'Urfé, les
lettres de Roland des Marets (*Rolandi Maresii Epistolarum philologicarum
libri duo,* 1686, in-12) ; l'auteur y fait un pompeux éloge d'Anne d'Urfé.

1557. — *Août* 10. Le maréchal de Saint-André est fait prisonnier à la bataille de Saint-Quentin. — Louis Adhémar de Monteil, premier comte de
Grignan, fut nommé gouverneur de Lyon en l'absence du maréchal ; et il en
exerça les fonctions depuis le 23 août jusqu'au 9 novembre de l'année suivante
date de sa mort. J. Morin, v , 84. Voyez ci-après, au 10 *décembre* 1558.

1557. — *Septembre* 30. Le duc de Guise revenant de Rome arrive à Lyon.
Rubys, *Hist.*, p. 381 ; *Actes consul.* (copie de C. B., ix, 475 et suiv.). Voyez
ci-après au 10 *octobre.* — On lit dans les *Priviléges des habitants de Lyon,*
par Rubys, p. 370 : « Qui garda cette ville (Lyon) au roi Henri.. en l'an
1557, réduisant les entreprises de l'allemand Pollevilliers à néant, que la
bonne intelligence qui fut entre le seigneur de Grignan, lors gouverneur de
ladite ville , et les habitans d'icelle ? par le moyen de laquelle (intelligence)
non seulement ladite ville, mais aussi la ville de Bourg en Bresse, dans laquelle ledit Pollevilliers pensoit entrer sans résistance , pour tirer droit
en cette ville..... et ledit Pollevilliers arrêté jusqu'à l'arrivée de *Monsieur de Guise....* qui fit rebrocher chemin à cet Allemand plus vite que le
pas...? » — Suivant le P. Anselme, *Hist. généalog.* , viii, 414, ce serait
Gabriel de la Guiche, bailli de Mâcon et gouverneur de la Bresse , qui
aurait mis en fuite le baron de *Pouleville.* — Pierre Mathieu , *Hist. de
Henri II* , p. 179 , rapporte que lorsque le baron de *Polviller* se présenta
devant Bourg, le baron de Digoin, lieutenant de la Guiche , gouverneur
de Bresse et de Mascon, le salua à coups de canon, et le fit reculer. Voyez
Guichenon , *Bresse,* p. 104 et 105 ; P. de Lumina, *Hist. de Lyon,* p. 190.

1557. — *Octobre* 2. Mort de Claude Bellièvre , fils de Barthélemi II (1),
né au mois de mars 1487. — Il fut inhumé dans sa chapelle, à Saint-Pierre-
le-Vieux, avec cette épitaphe , citée par Rubys, *Hist. de Lyon,* p. 384 :

D. O. M. *Hic situs est Claud. Bellivrus V . C. Delphin. Senatus præses prior :
cujus innocentia hominum invidiam provocavit et superavit : vixit ann. 70 ,
mens. 7 et di. 7. Johannes et Pomponius Patri opt. posuer. ann. M. D. LVII.*

Claude Bellièvre, premier président au parlement de Grenoble en 1541 ,
se démit de ses fonctions en 1549, pour revenir à Lyon où il reçut le titre
d'échevin honoraire et perpétuel. Il est auteur d'un *Lugdunum priscum* (2),
resté inédit, mais communiqué à Guillaume Paradin qui en a profité dans ses
Mémoires pour l'Histoire de Lyon, publiés en 1574. Sa maison, au bas du
Gourguillon, occupée plus tard par les Trinitaires, aujourd'hui détruite ,

(1) Barthélemi II, avait été intendant du cardinal de Bourbon, archevêque de Lyon , et
c'est à son crédit que l'on doit l'édit de 1494 qui conférait la noblesse au titre d'échevin.
Il était fils de Barthélemi I°r, mort le 4 août 1483 , en qui commença l'illustration de cette
famille , et qui avait été conseil et homme de confiance du cardinal de Bourbon.

(2) Le manuscrit de cet ouvrage existe dans la bibliothèque de l'école de médecine de
Montpellier. Il serait mieux placé dans la bibliothèque de la ville de Lyon. Il existe une copie
que nous ne croyons ni fidèle ni entière, dans la bibliothèque de l'académie de Lyon ; cette
copie provient du legs fait à cette compagnie par A. F. M. Artaud. Voyez son *Éloge hist.*
par M . J. B. Dumas, p. 43.

contenait une collection d'inscriptions, bas-reliefs et autres monuments actuellement rassemblés en partie dans le Palais-des-Arts où l'on a placé son épitaphe qui a été trouvée dans l'église de Saint-Pierre-le-Vieux. Ce fut sur sa proposition que la ville de Lyon se détermina à faire, en 1528, l'acquisition de la fameuse *Table de Claude*, moyennant 116 livres. Son fils aîné *Jean* fut premier président au parlement de Grenoble; le second fut l'illustre chancelier Pompone de Bellièvre, mort à Paris le 5 septembre 1607. C. B., *Mél.*, p. 261, 266 et 559; Menestrier, *Div. Caract.*, p. 171 et 176; *Alm. de Lyon* pour 1746; *Nouv. Arch. du Rh.*, II, 59; *Biogr. lyonn.*

1557. — *Octobre* 10. On apprend à Lyon qu'une bande d'allemands, flamands et bourguignons conduits par un capitaine nommé Pollevilliers ou Brusleville, se dispose à assiéger la ville de Bourg en Bresse... « Le même jour l'on commence à faire des tranchées autant merveilleuses que admirables, commençant à la montagne de St-Just et venant rencontrer jusques aux Boulevards de Veise.» —Le jeudi 14 du même mois «fut faite monstre générale des manans et habitans de Lyon tous en armes dedans le pré de Bellecour, près de l'abbaye d'Esnay, pour faire la garde nuit et jour sur les remparts et murailles de la ville, à cause des ennemis qui étoient descendus en grand nombre dans le pays de Bresse.» — M. de Grignan et l'évêque d'Orléans, M. de Morvilliers, qui avait été nommé par le roi, commissaire-supérintendant à Lyon, assistèrent à cette revue.—« Le lendemain 15, arrivèrent à Lyon le duc d'Aumale, et le vidame de Chartres retournant de Rome avec grande suite de gendarmerie tant à pied qu'à cheval, pour aider à donner secours au pays de Bresse.. » *Chroniq.* de Carion (Continuation de la), p. 566-68. J. Morin, v. 82 et 92. (Voyez ci-après au 17 *octobre*; et ci-dessus au 50 *septembre*.

1557. — *Octobre* 17 (*Dimanche*). On commence à faire un passage le long du Rhône, près les Cordeliers de Saint-Bonaventure, pour aller et venir, jour et nuit, faire la garde près du Rhône pour la défense de la ville «Furent rompues et abbatues plusieurs maisons, jardins, arbres, vignes et granges.. pour y faire un chemin public....» *Chroniq.* de Carion, p. 668. — Les Cordeliers cédèrent alors au Consulat, moyennant une rente annuelle de cent livres, l'emplacement de leur cimetière qui forme aujourd'hui la place du Méridien. Cochard, *Descript. de Lyon*, p. 98.

1557. — *Novembre* 28 (*Dimanche*). Arrivent à Lyon dix enseignes de gens de pied, soldats, partie français, piémontais, gascons et autres qui avaient été envoyés pour servir de sauvegarde au pays de Bresse, qui étaient gens cruels et inhumains, lesquels portèrent grand dommage au pays de Bresse, Lyonnais et Dauphiné par leur rançonnement et pillerie. — Vers le même temps fut fait commandement, de par le roi, aux laboureurs du pays de Lyonnais et Dauphiné de se mettre en armes, et de faire le guet jour et nuit pour garder les ports et passages de la rivière du Rhône et de la Saône, tellement que vous eussiez vu ces pauvres paysans, n'étant accoûtumés de porter les armes, au lieu de tenir leur charrue, avoir l'un une hallebarde, l'autre une pique, et le plus grand nombre une harquebuze... — *Chroniq.* de Carion, p. 672.

1557. — *Décembre* 10. Arrest donné à l'encontre des traistres qui ont voulu trahir les villes de Lyon, Bourg en Bresse et plusieurs autres (imprimé à Paris, 1558, in-8°). — Cet arrêt, rendu par le Sénat de Chambéry, condamne par coutumace Pierre Grangier, sieur de Myons, Charles de Lucinges, sieur des Alymes, et plusieurs autres à être traînés sur la claie et écartelés. *Gestes et Faits mémor. du roy Henri II* (Lyon, *J. d'Ogerolle*, 1559) ; Lelong, ii, 330, n° 17712.

1557. — *Décembre*, 22. Les murailles qui environnent la grande place, devant les Cordeliers de St-Bonaventure, sont abattues, et ce fut fait pour l'embellissement et enrichissement de la ville de Lyon, comme auparavant on avait fait de celle devant les Jacobins de Notre-Dame de Confort, afin, si besoin était, de mettre en ordonnance les gens de guerre, s'il venoit quelque affaire à la ville. M. Voyez ci-dessus au 17 *octobre*.

1557. —Le cardinal de Tournon publie les statuts synsdaux du diocèse de Lyon. —Prost de Royer, *Dict. de Jurispr.*, ii, 672, cite l'article suivant : « Défendons tous sortilèges, comme noueurs d'aiguillettes, charmes, breuvages, prolations de paroles illicites et non usitées, tours superstitieux d'art et d'invention diabolique dans le mariage , sous peine d'anathème et d'excommunication. »

1557. — En ce temps-là, une maladie contagieuse, à laquelle on avait donné le nom de *coqueluche*, affligeait la ville de Lyon. Michel de Nostredame qui était tout-à-la fois médecin et astrologue, s'empressa de venir en cette ville, et il y fit usage de quelques remèdes secrets qui eurent beaucoup de succès et dont il avait donné la recette dans son *Traité des Fardemens*. Voyez la *Biogr. univ.*, art. *Nostradame*, et les *Gestes et faits mémorables du roy Henri II*, (Lyon, *Jean d'Ogerolle*, 1559, in-16.) — C'est sans doute à cette même époque qu'il faut placer l'anecdote suivante que Saconay nous a conservée dans un de ses pamphlets, la *Généalogie et fin des Huguenaux*, etc. Lyon , 1573 , petit in-8° :

« Deux ans devant les premiers troubles, *Nostradamus* estant à Lyon fut convié à disner en une maison des plus plaisantes et aërées de Lyon, en bonne compagnie. Après disner il mit la teste à la fenestre, et demeura quelque temps contemplant ladite ville, laquelle quasi toute il pouvoit descouvrir. Estant lors enquis quelles estoyent ses pensées, respondit, je contemple ceste belle église de St-Jean, la ruine de laquelle est jurée : et n'estoit qu'elle est en la protection de Dieu , à cause du service divin qu'on y célèbre si religieusement, il n'y demeureroit en bref pierre sur pierre. Qu'on dise maintenant, ajoute Saconay, que Satan n'estait pas de la partie quand ces menees se brassoyent, puisqu'il en donnoit si bon aduertissement à son favori *Nostradamus*. » fol. 96.—Saconay rapporte à la page précédente que les protestants, lorsqu'ils se furent emparés de Lyon en 1562, « présentèrent dix « mille livres aux maistres massons pour abattre la grand' église St-Jean : « et ne tint leur marché qu'à cinq cent livres : mais principalement à la « bonté de Dieu qui la preserva , et plusieurs aussi , contre les portes d'en- « fer qui sont les entreprinses des hérétiques. » *Revue du Lyonnais*, ii , 226, 7, iv, 66. — Voyez ci-dessus, *années* 1547 et 1555.

1557. — Commission est donnée par le roi à M. le président de Thou, Barthélemy Faye et Jacques Viole, conseillers au parlement, pour assembler les trois états de Lyonnois, Bourgogne et Dombes, afin de régler le droit écrit dans les coûtumes. M.

1557. — « Ledit an 1557, à Lyon fut trouvée l'invention de la lettre françoise mise en impression, laquelle semble proprement escriture faite à la main, et fut inventée par un maistre imprimeur de Paris, nommé Robert Granjon, à présent demeurant audit Lyon. » *Gestes et faits du roy Henri II*, p. 127 ; *Biogr. lyon.*, p. 123. — Un des livres les plus recherchés sortis des presses de Granjon, et exécutés en caractères cursifs dits de *civilité*, a pour titre:

Philippi Galteri Alexandreidos Libri X, etc.; Lugduni, 1558. petit in-4°. Brunet, *Man.* et *Suppl.*, art. GALTERUS; Delandine, *Catal.*, B. L., 1, 387. Voyez aussi le *Bulletin du Bibliophile*, année 1839, n° 1487, où l'on cite un autre livre imprimé par Granjon, en caractères dits de *civilité*.

1557. — *Circa*. Mort de George de Vauzelles, chevalier de S. Jean de Jérusalem, et commandeur de la Torette, mécène des gens de lettres. Ce fut lui qui amena à Lyon et y fit élever Jacques de Vintimille, jeune Grec de la famille des Lascaris. — Jean de Vauzelles, frère de George, composa quelques ouvrages en prose et en vers; il paraît être l'auteur des *Simulachres ou Historices faces de la mort*, etc., Lyon, 1538, petit in-4°, fig. En tête de ce livre est une dédicace avec cette suscription : « A moult reverende abesse « du religieux couvent S. Pierre de Lyon, madame Iehanne de Touszele, « salut *d'un vray zele*. »Ces derniers mots *d'un vray zele* sont en effet la devise de Jean de Vauzelles. *Supplément à la Bibliogr. lyonn. du XV° s.*, n° CCXCVIII.

1557. — Loys Meigret dédie à la noblesse de France la traduction des cinq premiers livres de Polybe, imprimée à Lyon par *Jean de Tournes*.

1558. — *Mars*. Ordonnance qui supprime les officiers établis pour lever l'imposition foraine pendant les foires de Lyon. *Conf. des Ord.*, 666, § 48. M.

1558. — *Juin 23*. Le consulat fait payer à M. Jacques Brunet, dit Piémontois, 24 livres, « en faveur de ce qu'il a fait plusieurs descriptions des antiquités de la ville de Lyon. » *Act. consul.* (Copie de C. B., IX, 578). — Ce Jacques Brunet est probablement le même qui a composé un poëme latin, à l'éloge de la ville de Lyon, et dont M. Alphonse de Boissieu nous a donné une analyse dans le tome 1er des *Nouvelles Archives du Rhône*, p. 29 et suiv.

1558. — *Juillet 21. Séance Consulaire*. Les sieurs Jean Henry, Antoine Camus et Léonard Prunas ont rapporté, suivant la charge qu'ils en avoient eue, qu'ils sont informés du mauvais ordre qu'il y a eu au collége de la Trinité où par les malversations et fautes de conduite de M. Jacques Dupuy, principal du dit collége, il n'y a point d'exercices et quasi point d'enfants étudiants audit collége; qu'ils ont trouvé ledit Dupuy être ordinairement en débat et contention avec les régents et pédagogues du dit collége, avoir battu et déchassé sa femme d'avec lui, fait et commis plusieurs autres actes indignes à un principal et recteur d'un tel collége, au grand scandale de tous les écoliers, dommage et intérêt de toute la chose publique,.. tellement que s'il n'y est promptement pourvu, les enfants seront contraints d'abandonner le collége et de chercher autres écoles et études. Semblablement ils se sont informés d'homme capable et idoine pour mettre audit collége, avec les plus savants et expérimentés gens de lettres et de savoir de cette ville, même avec MM. de Lange, lieutenant particulier, Me Vauzelles, avocat du roi, Me Jean Girinet, Louis Bussillet et autres conseillers du siége présidial, MM. Athyaud, du Crozet, Bernod et autres avocats, et aussi avec MM. les médecins et principaux de Mess. du clergé de cette ville, et ils n'ont trouvé homme plus suffisant, capable et idoine pour être mis en ladite charge que Me Barthélemy Aneau, qui autrefois a eu la charge dudit collége; le savoir et expérience duquel est tout notoire. — Sur quoi les conseillers ayant délibéré ont unanimement et sans aucune contradiction, ordonné de mettre ledit Dupuy hors du collége, et de lui donner jusqu'à la fin de septembre pour mettre ordre à ses affaires et vuider ses meubles... et au lieu dudit Me Dupuy ils ont retenu le dit Me Barthelemy Aneau (lequel y fut reçu en octobre suivant)... S.; C. B., IX, 589. Voyez ci-dessus, au 16 *janvier* 1556, et ci-après, au 5 *juin* 1561.

1558.—*Juillet* 28. Mort de Jean Camus, secrétaire du roi. —Il fut inhumé à saint Laurent, dans la chapelle de St-Claude, avec cette épitaphe :

« Cy gist noble Jean Camus, seigneur de la Roche-Veyre, Chastillon et « Bagnols, secrétaire du roy, maison et couronne de France, qui trespassa le « 28 juillet 1558, et damoiselle Antoinette de Vinols, sa femme, dame d'Ar-« gigny, qui trespassa le xi aoust 1576. » M.

1558.—*Décembre* 10. Antoine d'Albon, abbé de Savigny, est nommé (par lettres d'Henri II) lieutenant de roi au gouvernement de Lyon, à la place du comte de Grignan. *Maz. de l'Isle-Barbe*, ii, 7 ; Colonia, *Hist. litt.*, ii, 628. M. et S. Voyez ci-dessus au 10 *août* 1557.

1558. —*Décembre* 21. Mᵉ Bugnon fait l'oraison doctorale et reçoit 15 livres pour ses honoraires. —Ce Mᵉ Bugnon est probablement le même que le Philibert Bugnyon, mâconnais, avocat du roi en l'élection de Lyon, poète et jurisconsulte, mort en 1590. *Biog. lyonn.*

1558. — Mort de Claude Dodieu, évêque de Rennes, d'une ancienne famille lyonnaise, illustre par sa piété aussi bien que par ses emplois. — Il fut inhumé aux Célestins de Paris, dans la chapelle des Dix mille Martyrs. *Notes chronol.* du P. Menestrier qui ajoute : « On voit à l'hôpital de Lyon ces inscriptions en lettres gothiques :

> A la louange de Dieu createur
> Pere eternel de nostre redempteur,
> Les Dodieux ont fondé à l'hospital
> Six livres : o Dieu, les garde de mal :
> Pour sustenter les pauvres miserables
> Et repenties à Dieu moult agreables.
>
> Premierement venerable personne ,
> Messire Jean Dodieu , docteur, chanoine
> De St-Paul et sacristain de St-Just
> Qui a fondé quinze liures tout just
> Un chacun au perpetuellement
> A l'hostel Dieu pour nourrir doublement
> Le jour de Pasque , Pentecoste et Noë,
> Tous les pauvres dont Dieu en soit loé.
>
> Dame Marguerite Porte a fondé
> Quinze livres aux pauvres et donné
> Monsieur l'eslu Jacques Dodieu.
> Autres cinq livres au mesme lieu,
> Et Jean son fils deux et demie.
> Jean Dodieu ne s'oublie mie :
> Car il a fondé cinquante sols :
> De Dieu soient-ils tretous absous.
>   Amen.

« L'an 1542, Jean Dodieu et sa sœur Isabelle Ciron avoient fondé hors la ville, au bout de la rue Mercière, proche N. D. de Confort, un hôpital pour les veuves infirmes et les pauvres femmes, dont Claude Dodieu, évêque de Rennes, et nobles Claude et André Dodieu, chanoine de St-Just , comme héritiers de Jean et d'Isabelle, remirent l'administration aux échevins l'an 1584. *Ex tabulis Xenodochii.* » M. Voyez Nic. Bourbon, *Nugæ*, vii. cxxiii ; Camusat, *Mél. hist.*, fol 153 ; Guillaume Ribier, *Lettres et Mém. d'état*, i, 65. — C'est par erreur que dans la *Biogr. lyonn.*, p. 93, Claude Dodieu a été qualifié de *«Conseiller et aumônier servant de Charles IX et d'Henri III,»* puisqu'il est mort sous le règne d'Henri II.

1558. Mort, à Paris, d'André Blondel, seigneur de Roquencourt, trésorier de l'épargne sous François 1er, contrôleur général des finances sous François Ier, etc., né à Lyon où il possédait une maison, rue St-Jean, qu'il légua par son testament à l'Hôpital de Lyon. *Biogr. lyonn.*

1558. — Quelques auteurs placent à cette année la construction de l'horloge de St-Jean, et se fondent sur une inscription qu'on lit au bas d'une image où elle était représentée, et qui est ainsi conçue : *Nicolaus Lippius Basiliens. Aetat.* 32, *ann.* 1558 ; mais il est à croire que si cette horloge eût été construite en 1558, elle aurait été détruite par les calvinistes en 1562. On s'accorde généralement à mettre cette construction à l'année 1598. On a prétendu que messieurs de Lyon avaient fait crever les yeux à Lippius pour l'empêcher de faire une autre horloge, mais c'est une fable imaginée pour donner plus de prix à ce travail. Bien loin de là, l'habile mécanicien eut une pension considérable qui lui fut payée jusqu'à sa mort, et on vendait publiquement l'image de l'horloge avec l'inscription que nous avons rapportée tout-à-l'heure. Dom Beaunier, *Recueil des Abbayes de France*, II, 379.

1558. — J. de Tournes publie une nouvelle édition des OEuvres d'Ausone sous ce titre : *D. Magni Ausonii Burdigalensis poetae Augustorum præceptoris, virique consularis opera, tertiae fere partis complemento auctiora, et diligentiore quam hactenas, censura recognita. Cum indice rerum memorabilium.* Lugduni, apud *Joan. Tornæsium,* 1558, in-8. — Cette édition contient, comme le titre le dit, presque un tiers de pièces de plus qu'il n'y en avait dans les éditions précédentes ; elle fut faite, sur un ancien manuscrit d'Ausone qui existait dans le monastère de l'Isle-Barbe, par les soins d'Etienne Charpin, prêtre de l'Eglise de Lyon, lequel avait été autorisé à publier ce manuscrit par Antoine d'Albon, abbé doyen du même monastère. C'est ce que nous apprennent les pièces préliminaires, et notamment deux épîtres en vers latins adressées par Guillaume Paradin, l'une à Antoine d'Albon, l'autre à Etienne Charpin. Quatre ans plus tard, ce précieux manuscrit eût été perdu pour toujours : il eût péri avec tant d'autres manuscrits non moins précieux sans doute, qui étaient dans la bibliothèque de l'Isle-Barbe et que les calvinistes livrèrent aux flammes lorsqu'ils se furent emparés de Lyon. Si, comme on l'a dit, la destruction des riches bibliothèques du clergé fut un triste épisode de la réformation en Ecosse, on ne peut se dispenser de reconnaître que les sectateurs de Luther rendirent en France cet épisode cent fois plus triste encore. *Dict. de l'Académie*, art. ÉPISODE.

1559. — *Mars* 29. »Les habitants de Miribel, Neyron, etc. avaient fait des fossés du côté de Villeurbanne, pour détourner le Rhône du pays de Bresse, et le faire jeter en Dauphiné. M. Rabot, conseiller du Dauphiné, fut envoyé pour visiter cette entreprise. La ville de Lyon fit payer 40 livres 18 sols pour les frais faits à ce sujet. On s'adressa aussi à M. de Clermont, gouverneur du Dauphiné, pour avoir provision afin de combler cette tranchée faite vis-à-vis de Vaux. » *Act. consul.* (Copie de C. B., IX, 567.)

1559. — *Avril* 4. Transaction entre le clergé de Lyon et les échevins de cette ville pour les immunités et exemptions de subsides conservées audit clergé, etc. La Mure, *Hist. du Forez*, 378. M.

1559. — *Avril* 16-19. Fêtes et réjouissances à l'occasion de la paix conclue entre la France, l'Angleterre et l'Espagne. — Le premier jour, il y eut une procession générale qui partit de St-Jean pour aller au couvent de St-Bonaventure, «...et quand cette procession commença de marcher, la grande fontaine de St-Jean jetoit de fort bon vin à 4 tuyaux en telle abondance que chacun pouvoit en prendre à son bel aise, ce qui dura toute la journée et la plupart de la nuit; et au retour de la procession, Mgr. le gouverneur avec MM. du clergé allumèrent un grand feu de joye, rendant tous grâces à Dieu de la susdite paix.... » Dans plusieurs quartiers de la ville on avoit élevé des poteaux garnis de fusées et petereaux. « Au devant des prisons royaux appelés *Rouanne*, fut semblablement élevé uu poteau garni de bois et paille, et à la suite dudit poteau, y avoit *deux chats en une cage*, desquels quand ils sentirent le feu, faisoit bon oyr le chant et mélodie.» — Le 17, « MM. de la nation florentine firent en grande solemnité sonner les cloches de l'église de N. D. de Confort, là où ils firent une aumône générale à plus de 3,000 pauvres : à chacun d'eux fut baillé un sol et trois livres de pain ; et firent délivrer des prisons tant de Rouanne que des prisons ordinaires de M. de Lyon (l'archevêque), treize prisonniers, et *promirent* donner mariage à 13 pauvres filles..» — Le 19, «MM. les *imprimeurs* de Lyon firent dresser un beau spectacle à la grande place Confort, sur lequel étoit élevé Mars le dieu de la guerre, de la hauteur de 30 pieds, de grosseur à l'équipollent, merveilleusement bien proportionné, et garni de toutes sortes d'armes. Au dedans de ce Mars étoit cachée Minerve, déesse de Sapience et de tous les arts libéraux, accompagnée des neuf Muses sur le mont Parnasse. La chose ainsi dressée, on canonna Mars à grand coups de harquebuzades ; le feu se saisit bientôt du dieu, d'une sorte que d'autant que son corps se diminuoit, Minerve se montroit petit à petit, tellement qu'elle demeura toute entière saine et sauve avec sa compagnie; cela démontrant que la mort de Mars est résurrection et vie de Minerve...» *Act. consul.* (Copie de C. B, ix, 637-645) ; Benoist du Troncy, *Relation et Discours du grand triomphe fait en la ville de Lyon*, 1559, in-8°; Paradin, p. 358 ; *Alm. de Lyon* pour 1746, p. xxxviii.

1559—1560.

RÈGNE DE FRANÇOIS II (1).

1559. — *Août* 4. Le Consulat envoie une députation à François II pour lui présenter l'hommage la de ville, à l'occasion de son avénement à la couronne. J. Morin, v, 121.

1559. — *Octobre* 5. « Le prince et duc de Savoie descendant par eau en la rivière de Saône arrive à Lyon. » — M. de Savigny, lieutenant-général au gouvernement de cette ville, accompagné des échevins, se rendit au devant du prince qui prit son logement dans la maison de Jean-Antoine et César Gros, sise au-devant de la Pêcherie. *Actes cons.* (C. B., ix, 668). Voyez ci-après au 17 *décembre*.

1559. — *Octobre* 16. Lettres-patentes de François II portant confirmation des priviléges des foires de Lyon. — Ces lettres ne furent vérifiées au parlement que le 20 juillet 1560. Rubys, *Privilèges*, p. 11, *Hist.*, p. 388.

1559. — *Décembre* 17. Entrée solennelle de Marguerite de Valois, sœur

(1) Ce prince, successeur d'Henri II, parvint à la couronne le 10 juillet 1559, et mourut le 5 décembre 1560.

d'Henri II, nouvellement mariée (le 9 juillet) à Emmanuel Philibert, duc de Savoie. — Elle était arrivée la veille à Vaize où elle avait logé chez Milan Caze. Elle se rendait à Nice « devers le duc de Savoie. » Les frais de son entrée dont la relation se trouve dans les registres du Consulat, s'élevèrent à 205 livres. Le chancelier de Lhospital qui accompagnait cette princesse dont il était chancelier, fit, en vers latins, une description de son voyage, non moins curieuse par les détails géographiques que par les anecdotes locales qu'elle renferme. Le passage suivant de cette pièce, traduit par M. C. B., p. 13 de ses *Mélanges*, prouve que l'auteur connaissait l'histoire de notre ville, et qu'il la visita en observateur attentif :

« Nous passâmes cinq jours entiers dans la colonie de Plancus. Oh ! que les anciens avaient plus de discernement et de sagesse que nous ! avec quel soin ils s'occupaient de la santé publique ! Lyon était jadis sur des coteaux riants où l'on respirait un air pur, et d'où l'on découvrait au loin la campagne. L'eau y manquait : de superbes aqueducs allèrent en chercher jusqu'aux lieux que la piété a depuis consacrés à St-Etienne. Le feu du ciel dévora cette antique cité. Aujourd'hui on l'a placée entre la colline et la Saône, et elle est resserrée dans un espace si étroit qu'elle ne pourrait contenir tant de milliers d'hommes, s'ils ne donnaient à leurs habitations une hauteur démesurée, et s'ils n'élevaient, pour ainsi dire, trois maisons les unes sur les autres. Chaque matin on y est enveloppé d'un brouillard épais que le soleil ne dissipe qu'à peine au milieu du jour. O aveuglement vraiment comparable à celui des Chalcédoniens ! (1) Il est vrai que les citoyens opulents bâtissent sur la colline, au milieu des aqueducs et des ruines de l'ancienne ville, et reconnaissent par là combien leurs pères étaient insensés. Spina (2) a établi sa demeure sur un coteau d'où il voit le Rhône vers la gauche et la Saône vers la droite, aller confondre majestueusement leurs ondes, et d'où s'offre à ses regards Lyon tout entier : rien de p us enchanteur que sa maison et ses jardins. Construire ainsi, c'est être atteint d'une démence pleine de raison ; c'est savoir faire le meilleur usage de son or... »

1559. — *Décembre* 21. Me Balthazard Gayant, docteur ès droits, prononce l'oraison doctorale, et reçoit 20 livres pour l'avoir faite. S.

1560. — *Avril* 23. Le Consulat arrête qu'il ira le lendemain au-devant du chancelier de Lhospital « pour lui faire la révérence et bienvenue. » — Lhospital se rendait à la cour de François II, pour aller prendre possession de l'office de chancelier. — La ville lui fit offrir des confitures qui coûtèrent 38 l. 2 s. 9 d. S.

1560. — *Avril* 30. Le Consulat charge le procureur du roi de parler à ceux de St-Nizier, pour le payement des droits du bourreau affectés sur les boutiques qui sont le long de cette église. — Le 25 juin suivant, il ordonna au voyer de faire vuider les individus qui occupent ces boutiques, même ceux

----

(1) Chalcedoine, aujourd'hui bourg de Kadicui, était une ville située sur le Bosphore, près de Bysance. On l'appellait *la ville des aveugles*. Tacite, *Annal.* xii, 63, nous apprend ce qui lui valut ce sobriquet : « Les Grecs, fondateurs de Bysance, avaient consulté l'oracle sur « l'emplacement de la ville ; l'oracle l'indiqua vis-à-vis *la terre des aveugles*. Ce mot mysté- « rieux désignait les Chalcédoniens qui, arrivés les premiers dans ce lieu où ils avaient le « choix de toutes les positions, avaient préféré la moins avantageuse. » C. B.

(2) Léonard Spina, riche citoyen de Lyon, appartenait à une de ces familles florentines qui vinrent s'établir dans cette ville vers la fin du xve siècle. C'est par erreur qu'on lit dans la *Biographie lyonnaise* qu'il mourut vers 1550 : il vivait encore en 1559. Voyez Paradin, *Hist. de Lyon*, p. 360.

qui tiennent à louage leurs bancs et étaudis de MM. les chanoines et fabriciens de St-Nizier, et de les contraindre à aller vendre leurs denrées et marchandises sur la place de N. D. de Confort, où il ne payeront aucun louage.— Le 8 octobre de la même année, le Consulat s'adresse au cardinal de Tournon, archevêque et comte de Lyon, *à qui appartient la justice temporelle*, pour qu'il contraigne le chapitre et les fabriciens de St-Nizier à payer à François Bérauldier, exécuteur de la haute justice, trente livres que ceux-ci refusaient de lui payer sur les loyers des boutiques établies le long de l'église; à défaut de ce, et attendu *qu'il est haut justicier, prend et lève les amendes et autres revenus de ladite justice,* qu'il veuille bien pourvoir aux gages dudit exécuteur. (*Extraits* de M. S., copie de C. B.) — Le Consulat s'était toujours opposé, mais le plus souvent sans succès, à ce que l'on établît des boutiques et des étalages contre les murs des églises. En mars 1544, les échevins, usant de leur droit, avaient fait abattre, pendant la nuit, les baraques que les Augustins venaient de faire bâtir devant l'entrée de leur église, pour les louer au profit de leur communauté; toutefois les matériaux leur furent rendus à la prière de frère Claude Hylaire, prieur de leur couvent. C. B., VIII, 312. Voyez ci-après au 21 *janvier* 1561.

1560. — *Septembre* (nuit du 4 au 5). « Suivant les *historiens cathol'ques*, les protestants avaient formé le projet de s'emparer de Lyon, en y faisant entrer, pendant la foire d'août, un grand nombre des leurs deguisés en marchands. Le 4 *septembre*, jour fixé pour l'exécution de l'entreprise, les conjurés, sous la conduite du sieur de Maligny, seraient sortis à la brune, et armés, d'une maison de la rue Longue, appelée le logis de S. Martin (1), pour se saisir des deux avenues du pont de Saône; mais le gouverneur, M. de Savigny, ayant eu l'éveil, aurait, à la tête de ses arquebusiers, attaqué la troupe de Maligny, et après un combat dans lequel il y aurait eu quelques morts, les conjurés auraient pris l'épouvante et se seraient enfuis, les uns, comme Maligny, en sautant par-dessus les murailles, les autres en se réfugiant dans la ville, chez leurs amis. — Suivant les *historiens calvinistes*, les protestants n'avaient aucune intention d'attaquer la ville, mais pendant qu'ils se livraient à l'exercice de leur religion, dans les maisons où ils avaient coutume de se rassembler, ils auraient été assaillis et contraints de se mettre en légitime défense. Au reste, ajoutent-ils, les circonstances de la lutte montrent assez qu'ils ne firent de résistance que ce qu'il en fallait pour ne pas se laisser égorger. — Les registres du Consulat nous offrent sur cette affaire un document qui est sans doute, dit M. Morin, (*Hist. de Lyon*, V, 139), le plus authentique que l'on puisse consulter, et qui, ajoute-t-il, n'est certes pas écrit dans un esprit favorable aux protestants : « Le *mercredi 4 septembre*, M. l'abbé de Savigny avoit eu plusieurs avis de séditions et émotions qui se faisoient à Valence et autres lieux circonvoisins, par certains appelés huguenots, conduits par le seigneur Montbrun et autres, lesquels, sous l'ombre de la religion, pilloient et saccageoient les églises et biens des habitants des villes et villages; et craignant qu'il n'en advînt autant en cette ville, il fut adverti par aucuns des seigneurs conseillers et par Claude Archambault, l'un des mandeurs du Consulat, que ledit jour on avoit déchargé dans le logis où pend pour enseigne Saint-Martin, en rue Longue, certaine quantité de harnois et *allecrets*, et que l'on soup-

---

(1) Rubys, *Hist.*, p. 390, dit que cette maison appartenait « à ce marchand de Lyon auquel la royne de Navarre a faict ces honneur de l'avoir meslé parmi des contes facecieux.... » — Suivant Noël Le Comte, *Hist. lib.* XII, *ad calcem*, la maison où se réunissaient, en ce temps là, les protestants, appartenait à un nommé *Pierre Terrasson*, probablement le même que celui dont parle Rubys, p. 406. Voyez ci-après, au 29 *juin* 1565.

çonnoît fort l'hoste dudit logis estre des consorts et complices desdits huguenots ; au moyen de quoy ledit seigneur-gouverneur auroit mandé le capitaine
de la ville, François Sala , et Georges Renouard, son lieutenant , auxquels il
auroit commandé assembler les arquebusiers de la ville avec les penons du
quartier de la rue de Flandres, pour aller au logis Sainct-Martin sçavoir quels
gens y estoient, et à qui appartenoient les armes que l'on y avoit portées. Le
capitaine Sala, environ sur les neuf heures du soir, se seroit transporté au-
devant dudit logis, où on ne lui auroit voulu faire ouverture, sinon en voyant
qu'il vouloit rompre les portes. Alors certains estrangers qui y estoient se seroient mis en defense et en armes, et à grands coups de pistolets auroient re-
poussé le capitaine avec ses gens, tellement qu'ils n'auroient pu entrer en la
maison , et pour ce que la rue Longue est fort étroite, et que en icelle ne peuvent demeurer beaucoup de gens en défense, seroient sortis d'une autre maison... joignant du costé de la rue St-Cosme, en laquelle demeuroit *Pierre
Terrasson* et Jean Radieu , environ 40 ou 5o personnes toutes armées, lesquelles à grands coups de pistolets, arquebousts, piques et hallebardes seroient
venues furieusement donner dans le guet et auroient tué deux personnes et
blessé plusieurs autres. Le guet auroit esté contraint de se retirer du costé du
pont de Saône, et les arquebusiers du costé de la rue Longue, jusques en
l'hostel commun où F. Sala et G. Renouard auroient passé la nuit avec un
certain nombre d'arquebusiers, et après , environ l'heure de onze heures ou
minuit, les huguenots se seroient renforcés et rassemblés, et au nombre de
deux ou trois cents, tous ou la plupart armés, auroient mis un guet d'un certain nombre de leurs gens au coin de la rue Longue où ils se seroient mis en
bataille, et conduits par certains gentilshommes estrangers, auroient marché
le long de la rue Longue jusques à Nostre-Dame de la rue Neuve, et de là ti-
rant au-devant l'église de St-Nizier et de l'hostel commun, seroient allés jusques au milieu du pont de Saône, et voyant qu'ils ne trouvoient personne
qui leur résistât, seroient allés jusques à la place des Cordeliers où ils se
seroient séparés et retirés deux heures après minuit : et avoient mot de
guet *Christ* et *Capet*. » — Le *Jeudi* 5, des perquisitions furent faites chez
les principaux protestants. On y saisit une certaine quantité d'armes, et
comme les plus compromis avoient pris la fuite, on ne fit que quelques prisonniers, dont trois furent pendus, l'un sur le pont de Saône, l'autre au coin de la
rue Longue, et le troisième sur la place des Cordeliers. J. Morin, *Hist. de
Lyon*, v, 142. Voyez aussi Rubys, *Hist.*, p. 386; le même, *Priviléges*, p. 38 ;
Chorier, *Hist. du Dauphiné*, II, 548; le Laboureur, *Mazures*, II, 8; Thomas
Galiot , *Inventaire journalier de l'histoire de France*; Etienne Jaubert,
Eclaircissement des véritables quatrains de Nostradamus, p. 406 ; *Mém. de
Condé*, II, 638, etc.

1560. — *Septembre* 6. M. de La Mothe-Gondrin arrive à Lyon, avec une
partie de ses troupes, qu'il fallut loger dans différents quartiers de la ville,
malgré les privilège de ses habitants.

1560. — *Septembre* 22. Le cardinal de Tournon et le maréchal de Saint-
André, envoyés par le roi, arrivent à Lyon. Pendant le peu de temps
que le maréchal y resta , il ordonna de réparer les murs de la ville, et de
construire, au milieu du pont de la Saône, « un *portereau*, pour y asseoir
« garde jour et nuit. Mais le tout demeura sans effect, tant par faute de
« moyens, comme aussi parce que les habitans de Lyon, ne pouvoient gouster
« ce *portereau*, » qui aurait fait d'une seule ville, deux grands villages dont
les populations pourraient avec le temps se séparer aussi de sentiments , et

devenir hostiles l'une à l'autre, « comme l'ont été les Guelfes et les Gibelins.» *Rubys*, *p.* 388 ; *J. Morin*, v, 143.

1560. — *Octobre* 8. Le cardinal de Tournon, propose au consulat de mettre dans le collége de la Trinité « certains prestres religieux nommés « Jésuites, lesquels sont propres pour instruire la jeunesse, en bonnes « mœurs et en religion chrestienne. » — Le consulat répond qu'il ne peut ôter, sans dommage, l'administration du collége à Barthelemi Aneau, « homme de bien, de bonnes lettres, savoir et experience, religieux et catholique.» *Actes consul.* ; *J. Morin*, v, 148. Voyez ci-après au 5 *juin* 1561.

1560. — *Novembre* 2. Les trois ordres de la province assemblés dans une des salles de l'archevéché, élisent pour deputés aux états-géuéraux du royaume, savoir : le clergé, le baron de Saint-Chamond et le seigneur de la Liégue le jeune, et le consulat, Antoiue Bonin, sieur de Servieres, et Pierre Grollier. *Arch. du Rh.*, viii, 31.

1560. — Pierre Fradin, imprimeur à Lyon, publie les *Ordonnances et Priviléges des foires de Lyon* : et leur antiquité : avec celles de Brie et Champaigne, et les confirmations d'icelles, par sept Roys de France, depuis Philippe de Valois, sixieme du nom : iusqu'à François second, à present regnant. Par *Pierre Fradin*, à Lyon. In-8. — Le permis d'imprimer accordé à Fradin, par le sénéchal de Lyon, est daté du 14 septembre 1560. — On a joint à quelques exemplaires les *Lettres du roy François deuxième du nom, confirmatives des priviléges et franchises des quatre foires de Lyon*, par *Pierre Fradin*, à Lyon, 1560, in-8 de 4 f. (B. de Lyon, 56 — 18976). — Le consulat fit payer le 12 octobre de cette année, 20 livres tournois à Barthelemi Aneau, pour avoir fait « la prélection, redressement, correctionet «accomplissement,» de ces Priviléges ; et 48 livres tournois, à *Pierre Fradin*, qui en avait imprimé 500 exemplaires « pour en aider les marehands fréquentant les foires. » *Actes cons.* (copie de C. B., x, 43). Voyez ci-dessus au 16 *octobre* 1559.

⸺⬩⬦⬩⸺

Nous terminons ici la quatrième partie de ces *Notes et Documents*. L'année prochaine, nous publierons la cinquième partie qui commencera avec le règne de Charles IX. On y trouvera des lettres inédites adressées à ce prince par François d'Agoult, comte de Sault, gouverneur de Lyon, en l'absence du maréchal de Saint-André.

[illegible]

[illegible]

[illegible]

[illegible]